# MARCO POLO

# SPANISCH

**Reisen mit Insider Tipps**

■ Amtssprache Spanisch

> Worte verbinden, Worte erschließen neue
Welten, Worte lassen Sie einfach mehr erleben.

Und damit Sie auch immer die richtigen finden,
haben wir Ihnen die wichtigsten für Ihren
Ausflug in eine fremde Kultur und Sprache
zusammengestellt.

Und sollten Sie einmal sprachlos sein, dann
helfen Ihnen unsere Zeigebilder unkompliziert
weiter.

Wir wünschen Ihnen viel Spaß auf Ihrer Reise!

**www.marcopolo.de/spanisch**

# SPANISCH

## j

naranja (Orange)

immer wie deutsches „ch" bei „Bach"

## > EINFACHE AUSSPRACHE

Keine Scheu einfach loszulegen: Die korrekte Aussprache lernen Sie schnell. Zu Beginn des Sprachführers erläutern wir Ihnen kurz und knackig, was Sie beachten sollten. Erfolg ist damit garantiert!

## > ZEIGEBILDER

Bilder machen die Verständigung noch leichter. Ob beim Shoppen, im Restaurant, im Hotel oder bei Fragen zum Auto: unsere Zeigebilder helfen in jedem Fall schnell weiter.

## > SCHNELL NACH-GESCHLAGEN

**VON A–Z**
Die wichtigsten Themen alphabetisch sortiert: Vom Arztbesuch bis zum Telefongespräch.

**WÖRTERBUCH**
Hier finden Sie die 1333 wichtigsten Begriffe. Einfach praktisch!

### > SPEISEKARTE

Mit Spaß bestellen und mit Genuss essen – denn für Sie ist die Speisekarte in Landessprache ab jetzt kein Buch mit sieben Siegeln mehr.

### > VOLLES PROGRAMM

Kultur oder Action, Sprach- oder Kochkurs, Tauchen oder Theaterabend: Formulierungen die dafür sorgen, dass Ihr Urlaub noch spannender wird.

### > WIE DIE EINHEIMISCHEN

**Insider Tipps** Damit Sie als echter Insider gelten, nicht als Tourist.

**BLOSS NICHT!** Hilft, Fettnäpfchen zu vermeiden.

**ACHTUNG! ЅИAⅬƧ** Einheimische noch besser verstehen!

Farben, Muster, Materialien helfen Ihnen beim Einkaufen. Weitere Helfer für (fast) jede Gelegenheit finden Sie in diesem Sprachführer.

- Alle Vokale sind offen und halblang und müssen deutlich ausgesprochen werden.
- a, e und o bilden zusammen mit i, y oder u einen Doppellaut: fuego Feuer; hoy heute.

| | | |
|---|---|---|
| b, p | weicher als im Deutschen | bien; pie |
| b, v | beide werden identisch ausgesprochen; | buen vino |
| | weich, zwischen den Lippen | nuevo |
| c | wie deutsches „k" (ohne Hauch): vor „a, o, u" | creo; casacura |
| | und vor Konsonanten stimmloser Lispellaut | |
| | (stärker als englisch „th"): vor „e, i" | cenicero, gracias |
| ch | stimmloses deutsches „dsch" | muchacho |
| d, t | viel weicher als im Deutschen | día; toro |
| g | wie deutsches „g": vor „a, o, u" und vor | guardia, gorra, |
| | Konsonanten wie deutsches „ch" bei „Bach": | gitano, gente |
| | vor „e, i" | |
| gue, gui | das „u" ist immer stumm; wie deutsches „g" | seguir, guitarra |
| h | immer stumm | hora |
| j | immer wie deutsches „ch" bei „Bach" | jardínnaranja |
| ll, y | wie hartes deutsches „j" zwischen Vokalen | yo llevo, guerrilla |
| ñ | wie „gn" bei „Champagner" | niño |
| que, qui | das „u" ist immer stumm; wie deutsches „k" | porque, quiero |
| rr | stark gerolltes Zungen-r | perro |
| r | stark gerolltes Zungen-r: am Anfang und | rosa |
| | am Ende eines Wortes | dolor |
| | auch wie „rr" vor oder nach Konsonanten | muerte, madre |
| r | leichtes Zungen-r: zwischen zwei Vokalen | caro |
| | eines Wortes | pera |
| s | immer stimmlos, wie deutsches „ss" | casa; sala |
| z | stimmloser Lispellaut, stärker als engl. „th" | Zaragoza, jerez |

### Betonung und Akzent

- Bei Wörtern, die auf *Vokal*, auf „n" oder auf „s" enden, wird die **vorletzte Silbe** betont: mesa, Carmen. Eine andere Betonung bedarf des graphischen Akzents: café, después.
- Bei Wörtern, die auf *Konsonant* (außer „n, s") enden, wird die **letzte Silbe** betont: cantar, doctor. Andere Betonungen bekommen einen graphischen Akzent.
- Auf der **drittletzten Silbe** betonte Wörter haben immer graphischen Akzent: música, médico, artístico.
- **Einige einsilbige Wörter** haben – zur Unterscheidung von anderen mit der gleichen Schreibweise – immer Akzent: mí; tú; él; sí; sé; más.
- í bzw. ú bei Trennung des Doppellauts: día, púa, país.

### Männlich oder weiblich?

Substantive mit der Endung -o sind männlich, mit der Endung -a weiblich. Nur bei Abweichungen (**cura** m Priester) und bei anderen Endungen wird das Geschlecht angegeben.

 Abkürzungen finden Sie auf Seite 107.

## > EXTRABETT IN STRANDNÄHE

Ob Sie ein Traumhotel am Meer suchen oder ein Zusatzbett im Zimmer brauchen: Formulieren Sie Ihre Urlaubswünsche per E-Mail, Fax oder am Telefon – und gehen Sie entspannt auf Reisen.

# BUCHUNG PER E-MAIL

**HOTEL** | HOTEL

Sehr geehrte Damen und Herren,
am 24. und 25. Juni benötige ich für zwei Nächte ein Einzel-/ Doppel-/Zweibettzimmer. Bitte teilen Sie mir mit, ob Sie ein Zimmer frei haben und was es pro Nacht (einschließlich Abendessen) kostet.
Mit freundlichen Grüßen

# REISE PLANUNG

Apreciados señores:
Quisiera reservar una habitación sencilla/doble/con dos camas para las noches del 24 y 25 de junio. Hagan el favor de comunicarme si tienen habitaciones libres para esas fechas y el precio por noche (más cena).
Atentamente,

## ■ MIETWAGEN | COCHE DE ALQUILER

Sehr geehrte Damen und Herren,
für den Zeitraum vom 20.–25. Juli möchte ich von Barajas (Madrid) einen Kleinwagen/

Mittelklassewagen/eine 7-sitzige Großraumlimousine mieten. Ich fliege von Barcelona ab und möchte deshalb dort den Leihwagen abgeben. Bitte teilen Sie mir Ihre Tarife mit und welche Unterlagen ich benötige.
Mit freundlichen Grüßen

Apreciads señores:
Quisiera alquilar un coche pequeño/de tamaño medio/de siete plazas del 20 al 25 de julio en el aeropuerto de Barajas (Madrid) y devolverlo en Barcelona, ya que el vuelo de regreso lo hago desde allí. Les estaría agradecido si me informaran de las tarifas y de los documentos que es necesario presentar.
Atentamente,

# FRAGEN ZUR UNTERKUNFT

| | |
|---|---|
| Ich habe vor, meinen Urlaub in … zu verbringen. | Tengo la intención de pasar las vacaciones en… |
| Können Sie mir bitte Informationen über Unterkünfte in der Gegend geben? | ¿Sería tan amable de darme información sobre dónde podría encontrar alojamiento en la zona? |
| Ist es … | Está … |
| zentral gelegen? | cerca del centro? |
| ruhig gelegen? | en un sitio tranquilo? |
| in Strandnähe gelegen? | cerca de la playa? |
| Wie viel kostet das pro Woche? | ¿Cuánto cuesta a la semana? |
| Hat diese Unterkunft eine Internet- oder E-Mail-Adresse? | ¿Tiene el alojamiento una dirección de internet o correo electrónico? |

| | |
|---|---|
| Hotel | hotel |
| Pension | pensión |
| Zimmer | hostal |
| Ferienwohnung | apartamento |

## ◼ HOTEL – PENSION – ZIMMER | HOTEL – PENSIÓN – HOSTAL ◼◼

> Übernachtung: Seite 68ff.

| | |
|---|---|
| Ich suche ein Hotel, jedoch nicht zu teuer – etwas in der mittleren Preislage. | Busco un hotel, pero que no sea muy caro, de tipo medio. |

> *www.marcopolo.de/spanisch*

| | |
|---|---|
| Ich suche ein Hotel mit … | Busco un hotel con… |
| Wellnessbereich. | zona de wellness/de spa. |
| Swimmingpool. | piscina. |
| Golfplatz. | campo de golf. |
| Tennisplätzen. | pistas de tenis. |
| Können Sie mir ein schönes Zimmer mit Frühstück empfehlen? | ¿Me podría recomendar un hostal con desayuno que esté bien? |
| Ist es möglich, ein weiteres Bett in einem der Zimmer aufzustellen? | ¿Se puede poner otra cama en la habitación? |

## ■ FERIENHÄUSER/FERIENWOHNUNGEN | CASAS/APARTAMENTOS ■

 Übernachtung: Seite 74 f.

| | |
|---|---|
| Ich suche eine Ferienwohnung oder einen Bungalow. | Busco un apartamento o un bungalow. |
| Gibt es …? | ¿Tiene… ? |
| eine Küche | una cocina |
| eine Spülmaschine | lavavajillas |
| einen Kühlschrank | un frigorífico/una nevera |
| eine Waschmaschine | lavadora |
| eine Mikrowelle | microondas |
| einen Fernseher | televisor |
| ein Kinderbett | una cama para niños |
| Sind die Stromkosten im Preis enthalten? | ¿Va la luz incluida en el precio? |
| Werden Bettwäsche und Handtücher gestellt? | ¿Hay ropa de cama y toallas? |
| Wie viel muss ich anzahlen und wann ist die Anzahlung fällig? | ¿Qué paga y señal hay que hacer y cuándo? |
| Wo und wann kann ich die Schlüssel abholen? | ¿Dónde y cuándo puedo recoger la llave? |

## ■ CAMPING | CAMPING

| | |
|---|---|
| Ich suche einen schönen Campingplatz (am Wasser). | Busco un camping bonito (en la orilla). |
| Können Sie mir irgendetwas empfehlen? | ¿Cuál me recomendaría? |

## > MEHR ERLEBEN

Nur keine Scheu! Der Smalltalk im Café, die Plauderei beim Einkauf, der Flirt beim Clubben – reden Sie drauflos, es ist einfacher als Sie denken! Und macht die Reise erst so richtig spannend.

### ■ BEGRÜSSUNG | SALUDO ■

| | |
|---|---|
| **Guten Morgen!** | ¡Buenos días! |
| **Guten Tag!** | ¡Buenos días!/¡Buenas tardes! |
| **Guten Abend!** | ¡Buenas tardes!/¡Buenas noches! |
| **Hallo!/Grüß dich!** | ¡Hola!/¿Qué tal? |
| **Wie geht es Ihnen?** | ¿Qué tal está usted? |
| **Wie geht's?** | ¿Qué tal? |
| **Danke. Und Ihnen/dir?** | Bien, gracias. ¿Y usted/tú? |

# IM GESPRÄCH

## ■ MEIN NAME IST ... | ME LLAMO ...

| | |
|---|---|
| Wie ist Ihr Name, bitte? | ¿Cómo se llama usted, por favor? |
| Wie heißt du? | ¿Cómo te llamas? |
| Darf ich bekannt machen? | Le/Te presento … |
|   Das ist ... | |
|   Frau X. | a la señora X. |
|   Herr X. | al señor X. |
| Es freut mich, Sie kennen zu lernen. | (Tengo) Mucho gusto en conocerle. |

## ■ AUF WIEDERSEHEN! | ¡HASTA LA VISTA!/¡ADIÓS!

| | |
|---|---|
| **Tschüss!** | ¡Adiós!/¡Hasta luego! |
| **Bis später!** | ¡Hasta luego! |
| **Bis morgen!** | ¡Hasta mañana! |
| **Bis bald!** | ¡Hasta pronto! |
| **Gute Nacht!** | ¡Buenas noches! |
| **Gute Reise!** | ¡Buen viaje! |

## ■ BITTE | POR FAVOR

| | |
|---|---|
| **Darf ich Sie um einen Gefallen bitten?** | ¿Puedo pedirle un favor? |
| **Können Sie mir bitte helfen?** | ¿Puede usted ayudarme, por favor? |
| **Gestatten Sie?** | ¿Permite? |
| **Bitte sehr.** | De nada. |
| **Gern geschehen!** | No hay de qué. |
| **Mit Vergnügen!** | Con (mucho) gusto. |

## ■ DANKE! | ¡GRACIAS!

| | |
|---|---|
| **Vielen Dank!** | ¡Muchas gracias! |
| **Danke, sehr gern!** | ¡Gracias, con mucho gusto! |
| **Nein, danke!** | No, muchas gracias. |
| **Danke, gleichfalls!** | Gracias, igualmente. |
| **Das ist nett, danke.** | Gracias, es muy amable de su/tu parte. |
| **Vielen Dank für Ihre Hilfe/ Mühe!** | ¡Muchas gracias por su ayuda/interés! |

## ■ ENTSCHULDIGUNG! | ¡PERDÓN!

| | |
|---|---|
| **Das tut mir leid.** | Lo siento mucho. |
| **Schade!** | ¡Qué pena! |

## ■ ALLES GUTE! | ¡QUE LE/TE VAYA BIEN!

| | |
|---|---|
| **Herzlichen Glückwunsch!** | ¡Mi más cordial felicitación!/¡Enhorabuena! |
| **Alles Gute zum Geburtstag/ Namenstag!** | Muchas felicidades en el día de su/tu cumpleaños/ santo. |
| **Viel Erfolg!** | ¡Mucho éxito! |

> *www.marcopolo.de/spanisch*

# IM GESPRÄCH

| | |
|---|---|
| Viel Glück! | ¡Mucha suerte! |
| Gute Besserung! | ¡Que se mejore!/¡Que te mejores! |

## ■ KOMPLIMENTE | CUMPLIDOS ■

| | |
|---|---|
| Wie schön! | ¡Qué bien! |
| Das ist wunderbar! | ¡Esto es fantástico! |
| Sie sprechen sehr gut Spanisch/Deutsch. | Habla muy bien el español/alemán. |
| Sie sehen gut aus! | Está usted muy guapo/guapa. |
| Ich finde Sie sehr sympathisch/nett. | Le/La encuentro muy simpático/simpática/amable. |

| | |
|---|---|
| angenehm | agradable |
| ausgezeichnet | excelente |
| beeindruckend | impresionante |
| freundlich | amable |

# WIE DIE EINHEIMISCHEN

**Insider Tipps**

### ▸▸ Begrüßung

Bei der Begrüßung geht es in Spanien recht leger zu. Natürlich drückt man sich mit *Buenos días* bis etwa 14 Uhr, mit *Buenas tardes* bis etwa 21 Uhr und *Buenas noches* am späten Abend richtig aus, doch weit häufiger werden *¡Hola!* „Hallo!" –, *¿Qué tal?/¿Qué hay?* „Wie geht's?" verwendet.

### ▸▸ Verabschiedung

So locker die Verabschiedung, so unverbindlich ist sie auch meistens. Das umgangssprachliche *Nos llamamos.* – „Wir telefonieren." ist ohne jede Verpflichtung, den Anruf auch wirklich auszuführen. *Nos vemos.* – „Auf Wiedersehen." ist als Abschiedsformel ebenso gängig wie unverbindlich. Am gebräuchlichsten ist wohl *Hasta luego.* – „Bis später.", selbst wenn es in Kürze gar kein Wiedersehen geben wird.

### ▸▸ Anrede

Zur höflichen und formellen Anrede verwendet man das Sie *(usted)* sowie *Señor* bzw. *Señora*: *Buenos días, Señor López, ¿cómo se encuentra usted?* Mit dieser Anrede liegt man auch richtig, wenn man eine ältere, unbekannte Person z. B. um Auskunft bittet: *Perdone señora/señor, ¿dónde se encuentra el hotel …?*

| | |
|---|---|
| herrlich | fantástico |
| hübsch | (für Personen) guapo; (für Gegenstände) bonito |
| lecker | bueno, rico |
| schön | bonito |

## ■ SMALLTALK | CHARLA INFORMAL ■

### ZUR PERSON SOBRE SU PERSONA

| | |
|---|---|
| Wie alt sind Sie/bist du? | ¿Qué edad tiene usted/tienes? |
| Ich bin 24. | Tengo 24 años. |
| Was machen Sie/ machst du beruflich? | ¿Qué profesión tiene usted/tienes? |
| Ich bin ... | Soy… |
| Ich arbeite bei ... | Trabajo en… |
| Ich gehe noch zur Schule. | Todavía voy al colegio. |
| Ich bin Student/in. | Soy estudiante. |

### HERKUNFT UND AUFENTHALT LUGAR DE ORIGEN Y DOMICILIO

| | |
|---|---|
| Woher kommen Sie/ kommst du? | ¿De dónde es usted/eres? |
| Ich komme aus Stuttgart | Soy de Stuttgart. |
| Sind Sie/Bist du schon lange hier? | ¿Lleva usted/Llevas ya mucho tiempo aquí? |
| Ich bin seit ... hier. | Estoy aquí desde… |
| Wie lange bleiben Sie/ bleibst du? | ¿Cuánto tiempo se queda/te quedas? |
| Sind Sie/Bist du zum ersten Mal hier? | ¿Es la primera vez que está usted/estás aquí? |
| Wie finden Sie es? | ¿Qué le parece? |

### HOBBYS HOBBIES

| | |
|---|---|
| Haben Sie/Hast du ein Hobby? | ¿Tiene/tienes algún hobby? |
| Wofür interessieren Sie sich so? | Y sus intereses, ¿cuáles son? |
| Ich interessiere mich für ... | Me interesa… |

| | |
|---|---|
| kochen | cocinar |
| lesen | leer |
| malen | pintar |
| Musik hören | escuchar música |
| reisen | viajar |
| Sprachen lernen | aprender idiomas |
| fotografieren | fotografiar |

> *www.marcopolo.de/spanisch*

# IM GESPRÄCH

| | |
|---|---|
| zeichnen | dibujar |
| Freunde treffen | salir con los amigos |
| Karten-/Brettspiele | los juegos de naipes/de mesa |
| Computerspiele | los juegos de ordenador |
| im Internet surfen | navegar en internet |
| Kino/Filme | el cine/las películas |
| Musik machen | hacer música |

### SPORT DEPORTE

 Volles Programm: Seite 84 ff.

| | |
|---|---|
| Welchen Sport treiben Sie? | ¿Qué deporte practica usted? |
| Ich spiele ... | Juego a… |
| Ich jogge./Ich schwimme./ Ich fahre Rad. | Corro./Nado./Voy en bicicleta. |
| Ich spiele einmal in der Woche Tennis/Volleyball. | Una vez por semana juego a tenis/voleibol. |
| Ich gehe ziemlich regelmäßig ins Fitnesscenter. | Voy con bastante frecuencia al gimnasio. |

## ■ VERABREDUNG/FLIRT | CITA/LIGUE

| | |
|---|---|
| Haben Sie/Hast du für morgen Abend schon etwas vor? | ¿Tiene usted/Tienes algún plan para mañana por la noche? |
| Wann treffen wir uns? | ¿A qué hora nos encontramos? |
| Darf ich Sie/dich nach Hause bringen? | ¿Puedo acompañarla/acompañarle/acompañarte a casa? |
| Hast du einen Freund/eine Freundin? | ¿Tienes novio/novia? |
| Sind Sie verheiratet? | ¿Está usted casado/casada? |
| Ich habe mich den ganzen Tag auf Sie/dich gefreut. | Le/Te he esperado con ansia todo el día. |
| Du hast wunderschöne Augen. | Tienes unos ojos bellísimos. |
| Ich habe mich in dich verliebt. | Me he enamorado de ti. |
| Ich mich auch in dich. | Yo también de ti. |
| Ich liebe dich! | ¡Te quiero! |
| Ich möchte mit dir schlafen. | Quiero dormir contigo. |
| Aber nur mit Kondom. | Pero sólo con condón. |
| Hast du Kondome? | ¿Tienes condones? |
| Wo kann ich welche kaufen? | ¿Dónde se compran? |
| Es tut mir Leid, aber ich bin nicht in dich verliebt. | Lo siento, pero yo no estoy enamorado/ enamorada de ti. |

| | |
|---|---|
| **Ich habe keine Lust dazu.** | No tengo ganas. |
| **Ich will nicht.** | No quiero. |
| **Bitte geh jetzt!** | ¡Por favor, vete ahora! |
| **Hör sofort auf!** | ¡Basta ya! |
| **Hau ab!** | ¡Lárgate! |
| **Lassen Sie mich bitte in Ruhe!** | ¡Por favor, déjeme en paz! |

# ZEIT

## ■ UHRZEIT | LA HORA

### WIE VIEL UHR IST ES? ¿QUÉ HORA ES?

 Zeitangaben: Umschlagklappe

### UM WIE VIEL UHR?/WANN? ¿A QUÉ HORA?/¿CUÁNDO?

| | |
|---|---|
| **Um 1 Uhr.** | A la una. |
| **In einer Stunde.** | Dentro de una hora. |
| **Zwischen 3 und 4.** | Entre las tres y las cuatro. |

### WIE LANGE? ¿CUÁNTO TIEMPO?

| | |
|---|---|
| **Zwei Stunden (lang).** | (Durante) dos horas. |
| **Von 10 bis 11.** | Desde las diez hasta las once. |
| **Bis 5 Uhr.** | Hasta las cinco. |

### SEIT WANN? ¿DESDE CUÁNDO?

| | |
|---|---|
| **Seit 8 Uhr morgens.** | Desde las ocho de la mañana. |
| **Seit einer halben Stunde.** | Desde hace media hora. |

## ■ SONSTIGE ZEITANGABEN | OTRAS INDICACIONES DE TIEMPO ■■

| | |
|---|---|
| **morgens** | por la mañana |
| **vormittags** | por la mañana |
| **mittags** | a mediodía |
| **nachmittags** | por la tarde |
| **abends** | por la tarde |
| **nachts** | por la noche |
| | |
| **vorgestern** | anteayer |
| **gestern** | ayer |
| **vor zehn Minuten** | hace diez minutos |

**> www.marcopolo.de/spanisch**

# IM GESPRÄCH

| | |
|---|---|
| heute | hoy |
| jetzt | ahora |
| gegen Mittag | hacia mediodía |
| morgen | mañana |
| übermorgen | pasado mañana |
| | |
| diese Woche | esta semana |
| am Wochenende | el fin de semana |
| am Sonntag | el domingo |
| innerhalb einer Woche | en una semana |
| bald | pronto |
| in 14 Tagen | dentro de quince días |
| nächstes Jahr | el año que viene |
| | |
| manchmal | a veces, algunas veces |
| alle halbe Stunde | cada media hora |
| stündlich | cada hora |
| täglich | a diario, todos los días |
| alle zwei Tage | cada dos días |

## DATUM | FECHA

| | |
|---|---|
| Den Wievielten haben wir heute? | ¿Qué día es hoy?/¿A cuántos estamos? |
| Heute ist der 1. Mai. | Hoy es el primero/el uno de mayo. |

## WOCHENTAGE | LOS DÍAS DE LA SEMANA

| | |
|---|---|
| Montag | el lunes |
| Dienstag | el martes |
| Mittwoch | el miércoles |
| Donnerstag | el jueves |
| Freitag | el viernes |
| Samstag | sábado |
| Sonntag | domingo |

## MONATE | LOS MESES

| | |
|---|---|
| Januar | enero |
| Februar | febrero |
| März | marzo |

| April | abril |
| Mai | mayo |
| Juni | junio |
| Juli | julio |
| August | agosto |
| September | septiembre |
| Oktober | octubre |
| November | noviembre |
| Dezember | diciembre |

## JAHRESZEITEN | LAS ESTACIONES DEL AÑO

| Frühling | primavera |
| Sommer | verano |
| Herbst | otoño |
| Winter | invierno |

## FEIERTAGE | LOS DÍAS DE FIESTA/FESTIVOS

| Neujahr | Añonuevo |
| Dreikönigstag | el Día del Reyes |
| Aschermittwoch | el Miércoles de Ceniza |
| 19. März (Hl. Josef) | San José |
| Gründonnerstag | el Jueves Santo |
| Karfreitag | el Viernes Santo |
| Ostern | Pascua (de Resurrección) |
| Ostermontag | el Lunes de Pascua |
| 1. Mai | el Día del Trabajo |
| Christi Himmelfahrt | La Ascensión |
| Pfingsten | Pentecostés |
| Fronleichnam | el Corpus (Christi) |
| 24. Juni (Johannisfest) | San Juan |
| Maria Himmelfahrt | La Asunción |
| 12. Oktober | el Día de la Hispanidad |
| Allerheiligen (1. 11.) | Todos los Santos |
| Allerseelen (2. 11.) | el Día de los Difuntos |
| 6. Dezember (Tag der Verfassung) | el Día de la Constitución |
| 8. Dezember | la Inmaculada (Am el Día de la Virgen) |
| Heiliger Abend | Nochebuena |
| Weihnachten | la Navidad |
| Silvesterabend | Añoviejo |

> *www.marcopolo.de/spanisch*

## WETTER

| | |
|---|---|
| Wie wird das Wetter heute? | ¿Qué tiempo tendremos hoy? |
| Es bleibt schön/schlecht. | Seguirá el buen/mal tiempo. |
| Es wird wärmer/kälter. | Va a hacer más calor/más frío. |
| Es soll regnen/schneien. | Va a llover/nevar. |
| Es ist kalt/heiß/schwül. | Hace frío/calor/bochorno. |
| Wie viel Grad haben wir heute? | ¿Qué temperatura hace hoy? |
| Es ist 20 Grad. | Hace veinte grados. |

| | |
|---|---|
| bewölkt | nublado |
| Blitz | rayo |
| Donner | trueno |
| Ebbe | marea baja |
| Flut | marea alta |
| Frost | helada |
| Gewitter | tormenta |
| heiß | cálido, caluroso |
| Hitze | el calor |
| kalt | frío |
| Klima | el clima |
| Luft | el aire |
| nass | húmedo |
| Nebel | niebla |
| Regen | lluvia |
| regnerisch | lluvioso |
| Schnee | la nieve |
| schwül | bochornoso |
| Sonne | el sol |
| sonnig | soleado |
| Temperatur | temperatura |
| Trockenheit | sequía |
| Überschwemmung | la inundación |
| warm | caliente, cálido |
| wechselhaft | inestable |
| Wind | viento |
| Wolke | la nube |

## > WO GEHT ES NACH...?

Wenn Sie sich verirrt oder verfahren haben oder einfach nicht mehr weiter wissen: Fragen Sie! Dieses Kapitel hilft Ihnen dabei.

# WO GEHT'S LANG?

| | |
|---|---|
| **Bitte, wo ist ...?** | Perdón, ¿dónde está …? |
| **Können Sie mir sagen, wie ich nach ... komme?** | ¿Podría decirme cómo se va a …? |
| **Welches ist der kürzeste Weg nach/zu ...?** | ¿Cuál es el camino más corto para ir a …? |
| **Wie weit ist das?** | ¿A qué distancia está? |
| **Gehen Sie geradeaus.** | Todo seguido (Am derecho). |
| **Gehen Sie nach links/nach rechts.** | Tuerza (Am Doble) a la izquierda/derecha. |

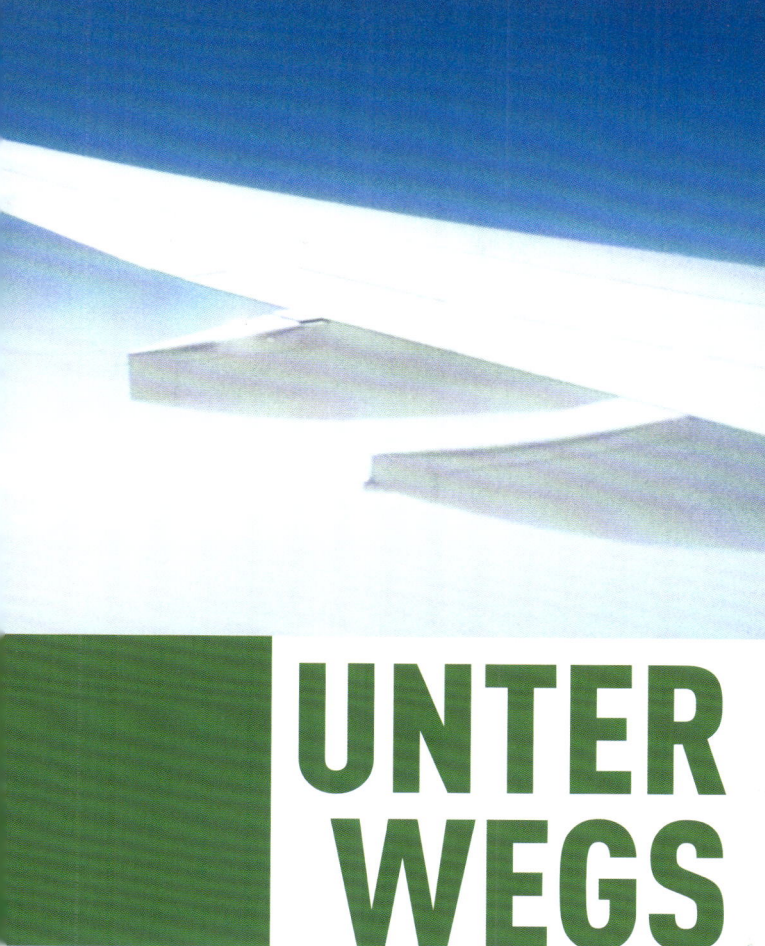

# UNTER WEGS

| | |
|---|---|
| Erste/Zweite Straße links/ rechts. | La primera/segunda calle a la izquierda/ a la derecha. |
| Überqueren Sie ... | Atraviese … |
| die Brücke. | el puente. |
| den Platz. | la plaza. |
| die Straße. | la calle. |
| Dann fragen Sie noch einmal. | Luego pregunte usted otra vez. |
| Sie können ... nehmen. | Puede usted tomar … |
| den Bus | el autobús. |
| die Straßenbahn | el tranvía. |
| die U-Bahn | el metro (Am el subterráneo). |

# AN DER GRENZE

**IHREN PASS, BITTE!** SU PASAPORTE, POR FAVOR.

| | |
|---|---|
| **Ihr Pass ist abgelaufen.** | Su pasaporte està caducado. |
| **Haben Sie ein Visum?** | ¿Tiene usted un visado (Am una visa)? |
| **Kann ich das Visum hier** | ¿Puedo conseguir un visado (Am una visa) |
| **bekommen?** | aquí mismo? |

**HABEN SIE ETWAS ZU VERZOLLEN?** ¿TIENE USTED ALGO QUE DECLARAR?

| | |
|---|---|
| **Fahren Sie bitte rechts heran.** | Aparque aquí a la derecha, por favor. |
| **Öffnen Sie bitte ...** | ¿Quiere abrir …, por favor? |
| **den Kofferraum.** | el portaequipajes (Am el baúl) |
| **diesen Koffer.** | esta maleta (Am valija) |
| **Muss ich das verzollen?** | ¿Hay que pagar derechos de aduana por esto? |

| | |
|---|---|
| **Ausfuhr** | la exportación |
| **ausreisen** | salir (de un país) |
| **Einfuhr** | la importación |
| **einreisen** | entrar (en el país) |
| **Familienname** | el apellido |
| **Familienstand** | estado civil |
| **ledig** | soltero |
| **verheiratet** | casado |
| **Führerschein** | permiso/el carnet de conducir |
| **Geburtsdatum** | fecha de nacimiento |
| **Geburtsname** | el nombre de soltera |
| **Geburtsort** | el lugar de nacimiento |
| **gültig** | válido |
| **Personalausweis** | el carnet/documento de identidad |
| | (Am cédula personal) |
| **Reisepass** | el pasaporte |
| **Staatsangehörigkeit** | la nacionalidad |
| **Visum** | visado (Am visa) |
| **Vorname** | el nombre (de pila) |
| **Wohnort** | domicilio |
| **Zoll** | aduana |
| **zollfrei** | exento de derechos de aduana |
| **zollpflichtig** | sujeto a derechos de aduana |

## ... MIT DEM AUTO/MOTORRAD/FAHRRAD

### WIE KOMME ICH NACH ...? | ¿CÓMO SE VA A ...?

| | |
|---|---|
| Wie weit ist das? | ¿A qué distancia está? |
| Bitte, ist das die Straße nach ...? | Perdón, ¿es ésta la carretera de …? |
| Wie komme ich zur Autobahn nach ...? | ¿Cómo se va a la autopista de …? |
| Immer geradeaus bis ... | Todo seguido (Am derecho) hasta … |
| Dann links/rechts abbiegen. | Luego tuerza (Am doble) a la izquierda/derecha. |

### VOLL TANKEN, BITTE | LLENO, POR FAVOR

| | |
|---|---|
| Wo ist bitte die nächste Tankstelle? | ¿Dónde está la estación de servicio/ la gasolinera más cercana, por favor? |
| Ich möchte ... Liter | Quisiera … litros de … |
| Normalbenzin. | gasolina normal. |
| Super. | súper. |
| Diesel. | diesel. |
| bleifrei. | gasolina sin plomo. |
| mit ... Oktan. | de … octanos. |
| Prüfen Sie bitte ... | ¿Quiere comprobar … |
| den Ölstand. | el nivel del aceite? |
| den Reifendruck. | la presión de las ruedas? |
| Sehen Sie bitte auch das Kühlwasser nach. | Controle también el agua del radiator, por favor. |

### PARKEN | APARCAMIENTO

| | |
|---|---|
| Gibt es hier in der Nähe eine Parkmöglichkeit? | Perdón, ¿hay algún sitio para aparcar por aquí cerca? |
| Kann ich das Auto hier abstellen? | ¿Puedo dejar el coche aquí? |

## PANNE | AVERÍA

| | |
|---|---|
| Ich habe einen Platten. | Tengo una rueda pinchada. |
| Würden Sie mir bitte einen Abschleppwagen schicken? | ¿Pueden ustedes enviarme un coche-grúa? |
| Könnten Sie mir mit Benzin aushelfen? | ¿Podría usted darme un poco de gasolina, por favor? |
| Könnten Sie mir beim Reifenwechsel helfen? | ¿Podría usted ayudarme a cambiar la rueda? |
| Würden Sie mich bis zur nächsten Werkstatt abschleppen? | ¿Puede usted remolcarme hasta el taller más próximo? |

## WERKSTATT | EL TALLER

| | |
|---|---|
| Mein Wagen springt nicht an. | Mi coche no arranca. |
| Können Sie mal nachsehen? | ¿Puede usted mirar, por favor? |
| Die Batterie ist leer. | La pila está agotada. |
| Mit dem Motor stimmt was nicht. | El motor no funciona bien. |
| Die Bremsen funktionieren nicht. | Los frenos no funcionan bien. |
| … ist/sind defekt. | … está/están estropeado/s. |
| Der Wagen verliert Öl. | El coche pierde aceite. |
| Wechseln Sie bitte die Zündkerzen aus. | Cambie las bujías, por favor. |
| Was wird es kosten? | ¿Cuánto costará? |

## ES IST EIN UNFALL PASSIERT | HA HABIDO UN ACCIDENTE

| | |
|---|---|
| Rufen Sie bitte schnell … | Llame enseguida … |
| einen Krankenwagen. | una ambulancia. |
| die Polizei. | a la policía. |
| die Feuerwehr. | a los bomberos. |
| Sind Sie verletzt? | ¿Está (usted) herido/herida? |
| Haben Sie Verbandszeug? | ¿Tiene usted botiquín de urgencias? |
| Es war meine Schuld. | Ha sido por mi culpa. |
| Es war Ihre Schuld. | Ha sido por su culpa. |
| Sollen wir die Polizei holen, oder können wir uns so einigen? | ¿Llamamos a la policía o lo arreglamos entre nosotros? |

| | |
|---|---|
| Geben Sie mir bitte ... | ¿Puede usted darme … |
| ... Ihren Namen und Ihre Anschrift. | … su nombre y dirección? |
| ... Namen und Anschrift Ihrer Versicherung. | … el nombre y dirección de su compañía de seguros? |
| Vielen Dank für Ihre Hilfe. | Muchas gracias por su ayuda. |

| | |
|---|---|
| Abblendlicht | la luz de cruce |
| abschleppen | remolcar |
| Abschleppseil | el cable de remolque |
| Abschleppwagen | grúa, el coche-grúa |
| Ampel | semáforo, disco |
| Anlasser | el motor de arranque |
| Autobahn | autopista |
| Baustelle | (las) obras |
| Benzin | gasolina |
| Benzinkanister | el bidón (Am el tanque) de gasolina |
| Benzinpumpe | bomba de gasolina |
| Bremsbelag | ferodo |
| Bußgeld | multa |
| Defekt | avería, defecto |
| Dichtung | junta |
| Elektrotankstelle | punto de recarga de electricidad |
| Erdgastankstelle | la estación de gas (natural) |
| Fahrrad | bicicleta |
| Fahrspur | pista |
| Felge | llanta |
| Fernlicht | la luz de carretera |

# WIE DIE EINHEIMISCHEN

**Insider Tipp**

## ›› Operation Urlaub

Die in Spanien verwendeten Begriffe *Operación Salida* („Operation Hinreise") und *Operación Retorno* („Operation Rückreise") klingen nicht nur nach Ausnahmezustand, sie beschreiben diesen auch äußerst treffend. Am 1., 15. und 30. August ist ganz Spanien auf dem Weg in den Urlaub oder auf der Rückfahrt. Planen Sie also an diesen Tagen bloß keine Reise! Auch Ostern und das erste Mai-Wochenende sind traditionell von völlig überfüllten Straßen und einem Anstieg schwerer Verkehrsunfälle gekennzeichnet.

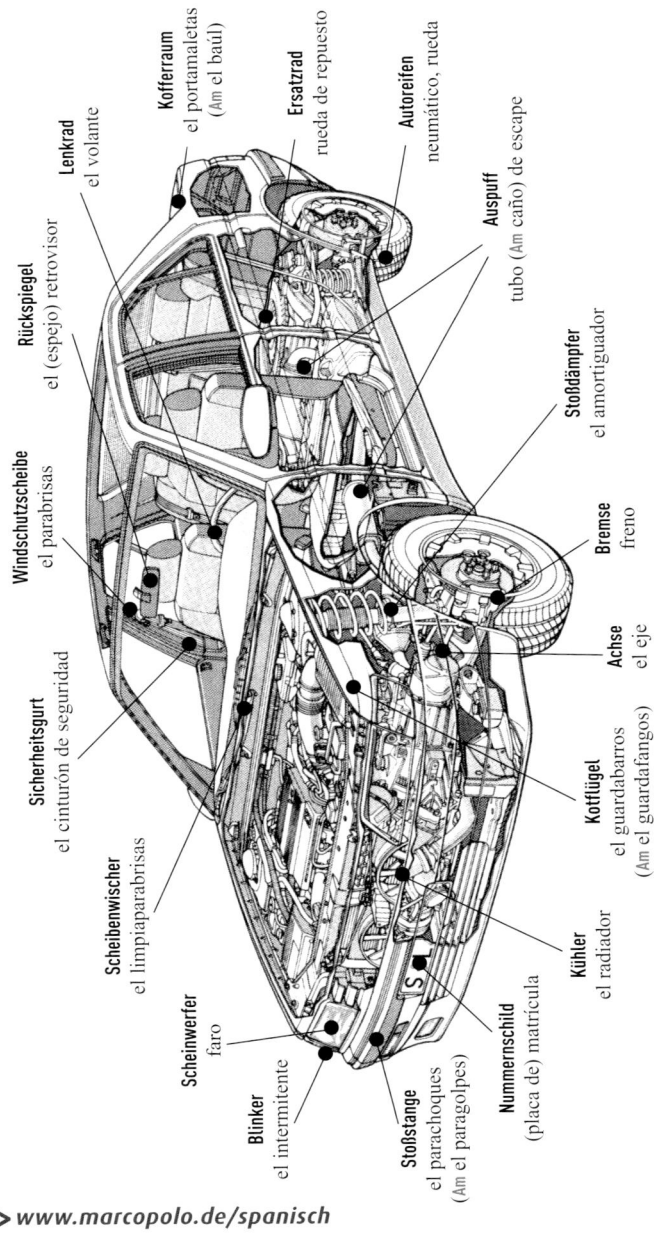

**Kofferraum**
el portamaletas
(Am el baúl)

**Ersatzrad**
rueda de repuesto

**Autoreifen**
neumático, rueda

**Lenkrad**
el volante

**Auspuff**
tubo (Am caño) de escape

**Rückspiegel**
el (espejo) retrovisor

**Stoßdämpfer**
el amortiguador

**Windschutzscheibe**
el parabrisas

**Bremse**
freno

**Achse**
el eje

**Sicherheitsgurt**
el cinturón de seguridad

**Kotflügel**
el guardabarros
(Am el guardafangos)

**Scheibenwischer**
el limpiaparabrisas

**Kühler**
el radiador

**Scheinwerfer**
faro

**Nummernschild**
(placa de) matrícula

**Blinker**
el intermitente

**Stoßstange**
el parachoques
(Am el paragolpes)

| | |
|---|---|
| Flickzeug | los parches y el pegamento |
| Führerschein | permiso/el carnet de conducir |
| Fußbremse | freno de pie |
| Gang | marcha, la velocidad |
| Gaspedal | el pedal del gas |
| gebrochen | roto |
| Gepäckträger | mozo |
| Getriebe | caja de cambio |
| Handbremse | freno de mano |
| Heizung | la calefacción |
| Helm | casco |
| Hupe | bocina, el claxon |
| Kabel | el cable |
| Karosserie | carrocería |
| Keilriemen | correa trapezoidal (Am correa en V) |
| Klingel | el timbre |
| Kühlwasser | (el) agua del radiador |
| Kupplung | el embrague |
| Kurve | curva |
| Kurzschluss | cortocircuito |
| Landstraße | carretera |
| Lastwagen | el camión |
| Lichtmaschine | la dínamo |
| Motor | el motor |
| Motorrad | la moto(cicleta) |
| Motorroller | el escúter, el scooter |
| Notrufsäule | el poste de socorro |
| Oktanzahl | número de octanos, el octanaje |
| Öl | el aceite |
| Ölwechsel | cambio de aceite |
| Panne | avería |
| Pannendienst | servicio de ayuda al automovilista |
| Papiere | los documentos |
| Parkhaus | el garaje de varios pisos |
| Parkplatz | aparcamiento (Am parqueadero) |
| Promille | por mil |
| PS | CV (caballos de vapor) |
| Radarkontrolle | el control de radar |
| Raststätte | el albergue de carretera |
| Regenkombi | chubasquero |
| Reifenpanne | pinchazo |
| Schalthebel | palanca de cambio |
| Schiebedach | techo corredizo |
| Schraube | tornillo |

| Schraubenschlüssel | la llave de tuercas |
| Schutzblech | el guardabarros (Am el guardafangos) |
| Sicherung | el fusible |
| Standlicht | la luz de población/estacionamiento |
| Starthilfekabel | el cable de ayuda para el arranque |
| Stau | atasco, embotellamiento |
| Straße | la calle |
| Straßenkarte | el mapa de carreteras |
| Tachometer | el cuentakilómetros, velocímetro |
| Tankstelle | gasolinera, la estación de servicio |
| Umleitung | la desviación |
| Ventil | válvula |
| Vergaser | el carburador |
| Versicherungskarte, grüne | carta verde (del seguro) |
| Vollkasko | seguro a todo riesgo |
| Wagenheber | gato, el alzacoches |
| Wagenwäsche | lavado del coche |
| Warnblinker | el sistema de alarma intermitente |
| Warndreieck | la señal de situación de peligro, triángulo de peligro |
| Werkstatt | el taller |
| Werkzeug | las herramientas |
| Zündkerze | bujía |
| Zündschloss | cerradura de contacto |
| Zündschlüssel | la llave de encendido |
| Zündung | encendido (Am la ignición) |

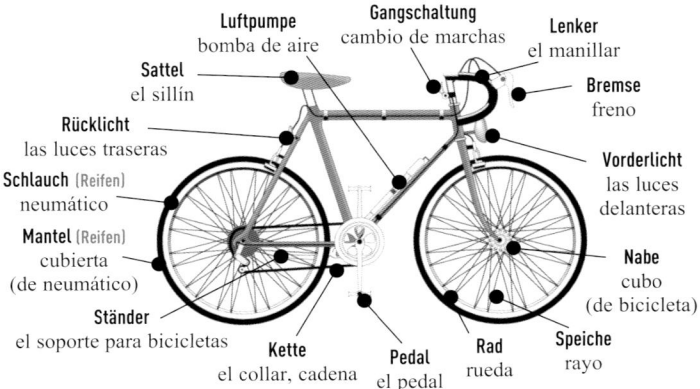

Luftpumpe — bomba de aire
Gangschaltung — cambio de marchas
Lenker — el manillar
Sattel — el sillín
Bremse — freno
Rücklicht — las luces traseras
Vorderlicht — las luces delanteras
Schlauch (Reifen) — neumático
Mantel (Reifen) — cubierta (de neumático)
Nabe — cubo (de bicicleta)
Ständer — el soporte para bicicletas
Kette — el collar, cadena
Pedal — el pedal
Rad — rueda
Speiche — rayo

> www.marcopolo.de/spanisch

## AUTO-/MOTORRAD-/FAHRRADVERMIETUNG
### ALQUILER DE AUTOMÓVILES/MOTOS/BICICLETAS

| | |
|---|---|
| Ich möchte für ... Tage/eine Woche ... mieten. | Quisiera alquilar por … días/una semana … |
| einen (Gelände-)Wagen | un coche (todo terreno). |
| ein Motorrad/einen Roller | una moto/un motoscooter. |
| ein Fahrrad | una bicicleta. |
| Wie hoch ist die Tages-/Wochenpauschale? | ¿Qué tarifa se paga por un día/por una semana? |
| Wie viel verlangen Sie pro gefahrenen km? | ¿Cuánto se paga por cada kilómetro de recorrido? |
| Ist das Fahrzeug vollkasko-versichert? | ¿Está el vehículo asegurado a todo riesgo? |
| Ist es möglich, das Auto/das Motorrad in ... abzugeben? | ¿Es posible entregar el coche/la moto en …? |

## ... MIT DEM FLUGZEUG

### ABFLUG | EL DESPEGUE

| | |
|---|---|
| Wo ist der Schalter der Fluggesellschaft ...? | ¿Dónde está la facturación de la compañía …? |
| Wann fliegt die nächste Maschine nach ...? | ¿A qué hora sale el próximo avión para …? |
| Ich möchte einen einfachen Flug nach ... buchen. | Quisiera reservar un vuelo de ida a … |
| Sind noch Plätze frei? | ¿Hay todavía plazas libres? |
| Ich möchte diesen Flug umbuchen. | Quisiera cambiar el vuelo. |
| Wann muss ich am Flughafen sein? | ¿A qué hora tengo que estar en el aeropuerto? |
| Gibt es für den Flug einen Vorabend-/Telefon-/Internet-Checkin? | ¿Se ofrece un servicio de facturación la noche anterior/por teléfono/por internet para este vuelo? |

| | |
|---|---|
| Kann ich das als Handgepäck mitnehmen? | ¿Puedo llevar esto como equipaje de mano? |
| Hat die Maschine nach ... Verspätung? | ¿Tiene retraso el avión a …? |

## ANKUNFT | LLEGADA

| | |
|---|---|
| Mein Gepäck ist verloren gegangen. | Mi equipaje se ha perdido. |
| Mein Koffer ist beschädigt worden. | Mi maleta (Am valija) está estropeada. |

| | |
|---|---|
| Ankunftszeit | hora de llegada |
| Anschluss | el empalme |
| anschnallen, sich | abrocharse el cinturón de seguridad |
| Anschnallgurt | el cinturón de seguridad |
| Bordkarte | tarjeta de embarque |
| Buchung | reserva |
| Charterflug | vuelo chárter |
| Direktflug | vuelo directo |
| einchecken | facturar |
| Fenstersitz | asiento junto a la/de ventanilla |
| Flug | vuelo |
| Fluggesellschaft | compañía aérea |
| Flughafenbus | el autobús del aeropuerto |
| Flughafengebühr | los derechos de aeropuerto |
| Flugplan | horario (de vuelo) |
| Flugsteig | puerta |
| Flugstrecke | ruta (de vuelo) |
| Flugzeug | el avión |
| Gepäck | el equipaje |
| Gepäckabfertigung | la facturación de equipajes |
| Gepäckausgabe | entrega de equipaje |
| Handgepäck | el equipaje de mano |
| Kapitän | el capitán |
| Landung | el aterrizaje |
| Notausgang | salida de emergencia |
| Notlandung | el aterrizaje forzoso |
| Notrutsche | el tobogán de emergencia |
| Passagier | pasajero |
| Pilot/in | el/la piloto |
| planmäßiger Abflug | salida regular |
| Schalter | ventanilla |

| | |
|---|---|
| Schwimmweste | chaleco salvavidas |
| Sicherheitskontrolle | el control de seguridad |
| Steward/ess | el/la auxiliar de vuelo/(weiblich auch) la azafata |
| | (Am aeromoza) |
| stornieren | anular |
| umbuchen | cambiar el vuelo |
| Verspätung | retraso |
| zollfreier Laden | venta libre de impuestos |
| Zwischenlandung | escala |

# ... MIT DEM ZUG

## ■ AM BAHNHOF | EN LA ESTACIÓN DE FERROCARRIL

| | |
|---|---|
| Wann fährt der nächste Zug nach ...? | ¿Cuándo sale el próximo tren para …? |
| Eine einfache Fahrt 2. Klasse/ 1. Klasse nach ..., bitte. | Un billete (Am boleto) de segunda/ de primera clase para …, por favor. |
| Zweimal ... hin und zurück, bitte. | Dos billetes (Am boletos) de ida y vuelta a …, por favor. |
| Gibt es eine Ermäßigung für ... Kinder? Studenten? | ¿Hacen ustedes descuento para … niños? estudiantes? |
| Bitte eine Platzkarte für den Zug um ... Uhr nach ... | Una reserva de asiento para el tren de las … a …, por favor. |
| Ich möchte diesen Koffer als Reisegepäck aufgeben. | Quisiera facturar esta maleta (Am valija). |
| Hat der Zug aus ... Verspätung? | ¿Tiene retraso el tren de …? |
| (Wo) Muss ich umsteigen? | ¿(Dónde) Tengo que hacer transbordo? |
| Von welchem Gleis fährt der Zug nach ... ab? | ¿De qué andén sale el tren para …? |
| Kann ich ein Fahrrad mitnehmen? | ¿Puedo llevar una bicicleta? |

## ■ IM ZUG | EN EL TREN

| | |
|---|---|
| Verzeihung, ist dieser Platz noch frei? | Perdón, ¿está libre este asiento? |
| Hält dieser Zug in ...? | ¿Para este tren en …? |

| | |
|---|---|
| Abfahrt | salida |
| Abfahrtszeit | hora de salida |
| Abteil | departamento (Am compartimiento) |
| ankommen | llegar |
| Anschlusszug | el tren de enlace |
| Aufenthalt | parada |
| aussteigen | bajar |
| Autoreisezug | el autotrén |
| Bahnhof | la estación (de trenes) |
| besetzt | ocupado |
| einsteigen | subir |
| Ermäßigung | descuento, la reducción |
| Fahrkarte | el billete (Am boleto) |
| Fahrkartenschalter | ventanilla (Am boletería) |
| Fahrplan | horario |
| Fahrpreis | precio del billete |
| Fensterplatz | asiento junto a la ventanilla |
| frei | libre |
| Gepäck | el equipaje |
| Gepäckaufbewahrung | consigna (de equipajes) |
| Gepäckschein | el talón (Am boleto) (de equipajes) |
| Gleis | el andén |
| Hauptbahnhof | la estación central |
| Kinderfahrkarte | el billete (Am boleto) infantil |
| Nichtraucherabteil | departamento/compartimiento de no fumadores |
| Notbremse | freno de alarma |
| Platzkarte | reserva de asiento |
| Reservierung | reserva |
| Rückfahrkarte | el billete de ida y vuelta |
| Schlafwagen | el coche-cama |
| Schließfach | consigna automática |
| Sitzplatzreservierung | reserva de asientos |
| Speisewagen | el vagón-restaurante |
| Stromanschluss | toma de corriente |
| Toilette | los servicios, baño |
| Wartehalle | sala de espera |
| Zug | el ferrocarril, el tren |
| Zuschlag | suplemento |

## ... MIT DEM SCHIFF

### ■ IM HAFEN | EN EL PUERTO

| | |
|---|---|
| Wann fährt das nächste Schiff nach ... ab? | ¿Cuándo parte el próximo barco para …? |
| Wie lange dauert die Überfahrt? | ¿Cuánto dura la travesía? |
| Ich möchte eine Schiffskarte nach ... | Quisiera un pasaje para … |
| Ich möchte eine Karte für die Rundfahrt um ... Uhr. | Quisiera un pasaje para la excursión de las … |
| Wann legen wir in ... an? | ¿Cuándo atracamos en…? |

### ■ AN BORD | A BORDO

| | |
|---|---|
| Wo ist der Speisesaal/der Aufenthaltsraum? | ¿Dónde está el comedor/el salón? |
| Ich fühle mich nicht wohl. | No me siento bien. |
| Geben Sie mir bitte ein Mittel gegen Seekrankheit. | ¿Puede usted darme un remedio contra el mareo? |

| | |
|---|---|
| Anlegeplatz | embarcadero |
| an Bord | a bordo |
| Buchung | reserva |
| Dampfer | el vapor |
| Deck | cubierta |
| Fähre | el transbordador (Am el ferryboat) |
| Fahrkarte | el billete (Am boleto) |
| Hafen | puerto |
| Kabine | cabina |
| Kapitän | el capitán |
| Küste | costa |
| Luftkissenboot | el aerodeslizador |
| Motorboot | (lancha) motora |
| Passagier | pasajero |
| Rettungsboot | el bote salvavidas |
| Rettungsring | el salvavidas |
| Ruderboot | barca de remos |
| Schwimmweste | chaleco salvavidas |
| Seegang | el oleaje |
| seekrank | mareo |

| | |
|---|---|
| Steward | camarero (de barco) |
| Tragflügelboot | el hidroala, el hidrofoil |

# NAHVERKEHR

## ■ BUS/U-BAHN | EL AUTOBÚS/METRO ■

| | |
|---|---|
| Bitte, wo ist die nächste ... | Por favor, ¿dónde está la próxima … |
| Bushaltestelle? | parada del autobús? |
| Straßenbahnhaltestelle? | parada del tranvía? |
| U-Bahnstation? | parada/estación del metro? |
| Welche Linie fährt nach ...? | ¿Cuál es la línea que va a …, por favor? |
| Wann fährt der Bus ab? | ¿Cuándo sale el autobús? |
| Wo muss ich aussteigen/umsteigen? | ¿Dónde tengo que bajar/cambiar? |
| Könnten Sie mir bitte Bescheid geben, wenn ich aussteigen muss? | Haga el favor de avisarme quando tenga que bajar. |
| Wo kann ich den Fahrschein kaufen? | ¿Dónde puedo comprar el billete (Am boleto)? |
| Bitte, einen Fahrschein nach ... | Un billete (Am boleto) a …, por favor. |
| Kann ich ein Fahrrad mitnehmen? | ¿Puedo llevar una bicicleta? |

| | |
|---|---|
| Abfahrt | salida, partida |
| aussteigen | bajar |
| Bus | el autobús |
| einsteigen | subir |
| Endstation | la estación final |
| Fahrer | el conductor |
| Fahrkartenautomat | máquina expendedora de billetes (Am boletos) |
| Fahrplan | horario |
| Fahrpreis | precio del billete |
| Fahrschein | el billete (Am boleto) |
| Haltestelle | parada |
| Kontrolleur/in | el revisor/la revisora |
| lösen (Fahrschein) | sacar (un billete) |
| Schaffner/in | el revisor/la revisora |
| Straße | la calle |

| | |
|---|---|
| Straßenbahn | el tranvía |
| Tageskarte | abono diario, el billete válido para un sono día |
| U-Bahn | metro (Am subterráneo) |
| Wochenkarte | el billete/abono semanal |

## ▪ TAXI | EL TAXI ▪

| | |
|---|---|
| Könnten Sie mir bitte ein Taxi rufen? | ¿Puede pedirme un taxi, por favor? |
| Entschuldigen Sie bitte, wo ist denn der nächste Taxistand? | Perdón, ¿dónde está la parada de taxis más cercana? |
| Zum Bahnhof. | A la estación. |
| Zum ...-Hotel. | Al hotel … |
| In die ...-Straße. | A la calle … |
| Nach ..., bitte. | A …, por favor. |
| Wie viel kostet es nach ...? | ¿Cuánto cuesta hasta …? |
| Das ist zu viel. | Me parece demasiado. |
| Halten Sie bitte hier. | Pare aquí, por favor. |
| Das ist für Sie. | Para usted. |
| Die Quittung, bitte. | ¿Me puede dar una factura, por favor? |
| Fahrpreis | tarifa |
| Taxifahrer/in | el/la taxista |
| Taxistand | parada de taxis |
| Trinkgeld | propina |

# MITFAHREN

| | |
|---|---|
| Fahren Sie nach ...? | ¿Va usted a …? |
| Könnte ich ein Stück mitfahren? | ¿Podría llevarme hasta …? (Ausstiegsort nennen) |
| Ich würde gerne hier aussteigen. | Déjeme aquí, por favor. |
| Vielen Dank fürs Mitnehmen. | Muchas gracias por llevarme. |

## > KULINARISCHE ABENTEUER

Mit Spaß bestellen und mit Genuss essen – denn für Sie ist die Speisekarte in Landessprache kein Buch mit sieben Siegeln.

**■ ESSEN GEHEN | IR A COMER** ■

Wo gibt es hier ...
  ein gutes Restaurant?
  ein typisches Restaurant?
Reservieren Sie uns bitte für
  heute Abend einen Tisch
  für 4 Personen.
Ist dieser Tisch besetzt/
  noch frei?

¿Dónde hay por aquí cerca …
  un buen restaurante?
  un restaurante típico?
¿Puede reservarnos para esta noche una mesa
  para cuatro personas?

¿Está ocupada/libre esta mesa?

# ESSEN UND TRINKEN

| | |
|---|---|
| Ist dieser Platz besetzt/ noch frei? | ¿Está ocupado/libre este asiento? |
| Einen Tisch für 2/3 Personen, bitte. | Una mesa para dos/tres personas, por favor. |
| Wo sind bitte die Toiletten? | ¿Dónde están los servicios, por favor? |
| Guten Appetit! | ¡Que aproveche! |
| Prost! | ¡Salud! |
| Das Essen ist/war ausgezeichnet! | La comida está/ha estado estupenda. |
| Ich bin satt, danke. | No, gracias, ya estoy satisfecho. |
| Stört es Sie, wenn ich rauche? | ¿Le molesta que fume? |

## ■ BESTELLUNG | PEDIDO

| | |
|---|---|
| Herr Ober/Bedienung, ... | Camarero (Am Mozo), |
| die Speisekarte, bitte. | la carta (Am el menú), por favor. |
| die Getränkekarte, bitte. | la carta de bebidas (y licores), por favor. |
| die Weinkarte, bitte. | la carta de vinos, por favor. |
| Was können Sie mir empfehlen? | ¿Qué me recomienda usted? |
| Haben Sie vegetarische Gerichte? | ¿Tienen ustedes comida vegetariana? |
| Was nehmen Sie ... | ¿Qué toman ... |
| als Vorspeise? | de aperitivo/de primer plato? |
| Hauptgericht? | de segundo plato? |
| als Nachtisch? | de postre? |
| Ich nehme ... | Yo tomo ... |
| Wir haben leider kein/e ... (mehr). | Lo lamento, pero ya no tenemos ... |
| Was wollen Sie trinken? | ¿Qué desea usted beber (Am tomar)? |
| Bitte ein Glas ... | Un vaso de ..., por favor. |
| Bitte eine Flasche/... eine halbe Flasche | Una botella/Media botella de ..., por favor. |
| Bitte bringen Sie uns ... | Tráiganos ..., por favor. |

## ■ REKLAMATION | QUEJAS Y RECLAMACIONES

| | |
|---|---|
| Das Essen ist kalt. | La comida está fría. |
| Das Fleisch ist nicht durch. | La carne no está bien hecha. |
| Haben Sie mein/e ... vergessen? | ¿Se ha olvidado usted de mi ...? |
| Das habe ich nicht bestellt. | Yo no he pedido esto. |
| Holen Sie bitte den Chef. | Llame al dueño, por favor. |

## ■ BEZAHLEN | PAGAR

| | |
|---|---|
| Bezahlen, bitte | ¡La cuenta, por favor! |
| Bitte alles zusammen. | Todo junto, por favor. |
| Könnten ich bitte eine Quittung bekommen? | ¿ Me puede dar una factura, por favor? |
| Getrennte Rechnungen, bitte. | Cuentas separadas, por favor. |
| Das ist für Sie. | Para usted. |
| Es stimmt so. | Está bien así. |
| Das Essen war ausgezeichnet. | La comida estaba excelente. |
| Vielen Dank für die Einladung! | ¡Muchas gracias por la invitación! |

> *www.marcopolo.de/spanisch*

# ESSEN UND TRINKEN

| | |
|---|---|
| Abendessen | cena |
| Besteck | los cubiertos |
| Bestellung | pedido |
| Diabetiker/in | diabético/diabética |
| englisch | a la inglesa |
| Essig | el vinagre |
| fettarm | bajo en grasas |
| frisch | fresco |
| Frühstück | desayuno > S. 46 |
| Gabel | el tenedor |
| gebacken | frito |

## WIE DIE EINHEIMISCHEN

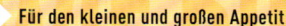

Insider Tipps

> ### Für den kleinen und großen Appetit

**El café** entspricht etwa dem deutschen Café. Es gibt Kaffee, Erfrischungen oder auch Alkohol. Kuchen werden seltener angeboten.

**Un bar** ist nicht mit einer deutschen Bar vergleichbar. Man bekommt dort vielmehr vom Kaffee bis hin zum alkoholischen Getränk alles und hat auch die Möglichkeit, einen kleinen Imbiss einzunehmen. Zu Bier und Wein werden in jeder Bar Appetit-häppchen, die *tapas*, gereicht. Einst waren es Brotstücke, mit denen man das ge-füllte Weinglas zum Schutz vor Fliegen abdeckte (abdecken = *tapar*); dann wurden daraus Oliven, Nüsse, Sardellen und vieles mehr. In Andalusien werden diese meist sehr reichhaltigen Häppchen oft gratis zum Getränk gereicht.

**La cafetería:** Hier kann man an der Theke, an einem Tisch oder auf der Terrasse Ge-tränke aller Art, die für Spanien typischen Vorspeisen *(tapas)*, und kleine Mahlzeiten bestellen.

**La taberna** (volkstümlich **tasca**) ist ein kleineres Lokal. Hier kann man hauptsächlich Wein, aber auch andere Getränke trinken und kaufen.

**El (café-)restaurante:** ein größeres Lokal, in dem man etwas trinken und zu Mittag oder zu Abend essen kann.

**El chiringuito:** ein während der Sommermonate besuchtes Lokal (im Freien – fast im-mer am Strand), in dem man Getränke und Gerichte (typisch sind Fisch und Meeres-früchte) bekommt.

> ### Die Rechnung, bitte

Im Restaurant wird nach dem Essen um „Die Rechnung bitte." – *La cuenta, por favor.* – gebeten. Beim kleinen Verzehr an der Bar fragt man: *¿Me cobra?* – „Können Sie bitte abkassieren?" oder *¿Qué le debo?* – „Was schulde ich Ihnen?".

| | |
|---|---|
| Gericht | plato, comida |
| Getränk | bebida > S. 45 f., 52 f. |
| Gewürz | especia, condimento |
| Glas | vaso |
| Gräte | espina |
| Hauptspeise | comida principal > S. 46 ff. |
| heiß | (muy) caliente |
| kalorienarm | bajo en calorías |
| kalt | frío |
| Kellner/in | camarero/camarera |
| Kinderteller | plato para niños |
| Knoblauch | ajo |
| Koch/Köchin | cocinero/cocinera |
| kochen | cocinar |
| Löffel | cuchara |
| Messer | cuchillo |
| Mittagessen | comida, almuerzo |
| Nachtisch | el postre > S. 50 f. |
| Ober | camarero |
| Öl | el aceite |
| Pfeffer | pimienta |
| Portion | la ración |
| Salz | la sal |
| sauer | agrio |
| scharf | picante, fuerte |
| Senf | mostaza |
| Serviette | servilleta |
| Soße | salsa |
| Suppe | sopa > S. 47 |
| süß | dulce |
| Tagesgericht | plato del día |
| Tasse | taza |
| Teller | plato |
| Trinkgeld | propina |
| vegetarisch | vegetariano |
| Vollkorn | grano integral |
| Vorspeise | los entremeses > S. 47 |
| Wasser | (el) agua |
| würzen | sazonar |
| zäh | duro |
| Zahnstocher | palillo de dientes |
| Zucker | el azúcar |
| (ohne) Zucker | (sin) azúcar |

# ESSEN UND TRINKEN

lechuga

las judías (Am los poro-
tos, los frijoles)

guindilla verde

guindill

los tomates

pepino

coliflor

el brécol

alcachofas

los champiñones

berenjenas

apio

patatas (Am papas)

cebolla

ajo

jengibre

aguacate

las zanahorias

repollo, berza, la col

puerro

los espárragos

las lentejas

calabaza

calabacín

los guisantes
(Am arvejas)

los garbanzos

las espinacas

el maíz

salvia

menta

el perejil

romero

los albaricoques
(Am damascos)

plátano (Am banana)

piña (Am ananás)

mango

las fresas (Am frutilla)

melocotón (Am durazno)

el kiwi

las uvas

manzana

pera

los arándanos

las cerezas

las grosellas

naranja

el limón

lima

papaya

sandía

el melón

pomelo

granada

las ciruelas

las ciruelas amarillas

los higos

el litchi

pamplemusa

coco

las castañas

los cacahuetes

los arándanos
(rojos/agrios)

las frutas desecadas

surtido de frutos secos

# ESSEN UND TRINKEN

el pan/tostada

el pan integral

el pan integral

barra de pan/el baguette

el bagel

el brezel, rosquilla (salada)

el croissant

tostada(s) sueca(s), pan/tostada(s) Wasa

el pan ácimo

panecillo

panecillo integral

el pan negro

el gofre

el donut

bollo

torta, tarta

torta de arroz

el müsli

los copos de maíz

el yogur

mantequilla (Am manteca)

los huevos

queso

la leche

queso azul

el camembert

queso fresco

el requesón con hierbas

el (queso) Bonbel

(queso) parmesano

queso de oveja

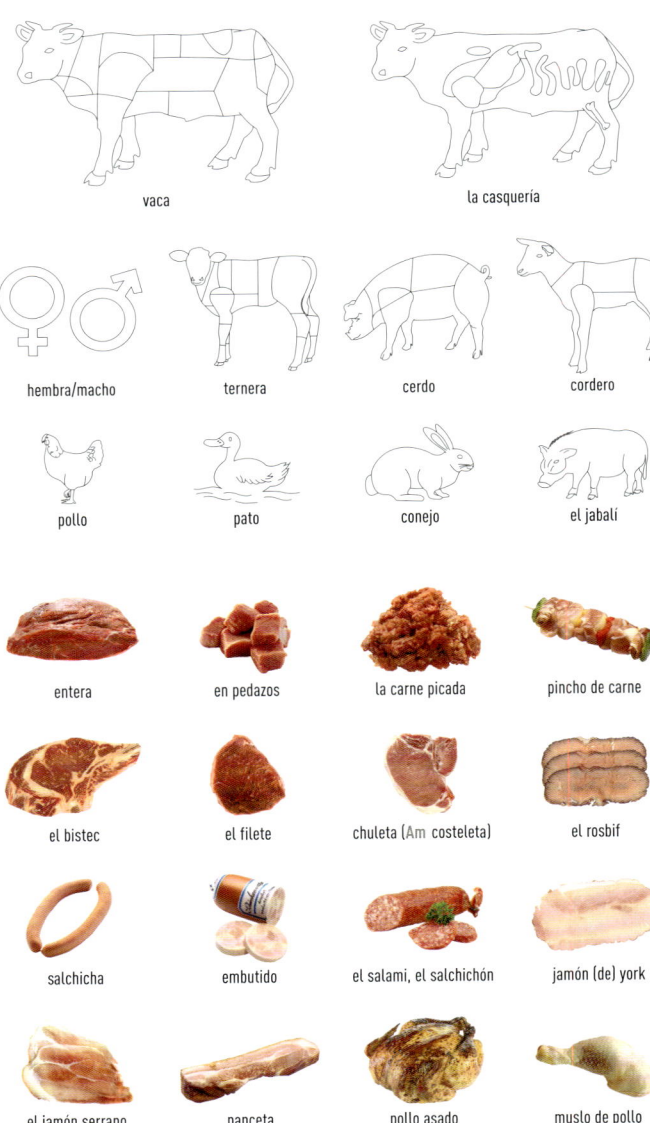

vaca

la casquería

hembra/macho

ternera

cerdo

cordero

pollo

pato

conejo

el jabalí

entera

en pedazos

la carne picada

pincho de carne

el bistec

el filete

chuleta (Am costeleta)

el rosbif

salchicha

embutido

el salami, el salchichón

jamón (de) york

el jamón serrano

panceta

pollo asado

muslo de pollo

> *www.marcopolo.de/spanisch*

# ESSEN UND TRINKEN

lubina

trucha

el atún

el salmón

las sardinas

las gambas

las gambas,
los camarones

el bogavante

los mejillones

los calamares

las ostras

el caviar

(el) agua mineral
sin gas

(el) agua mineral
con gas

la leche

la leche de soja

zumo

la Coca-Cola

bebida energética

cerveza

el té

el café

cacao

los cubitos de hielo

vino tinto

vino blanco

el cava, el champán

el cóctel

## FRÜHSTÜCK | DESAYUNO

Zeigebilder: Seite 42 ff.

| | |
|---|---|
| café solo | schwarzer Kaffee |
| café con leche | Kaffee mit Milch |
| café descafeinado | koffeinfreier Kaffee |
| té con leche/limón | Tee mit Milch/Zitrone |
| infusión (de hierbas)/tisana | Kräutertee |
| chocolate | Schokolade |
| zumo de fruta | Fruchtsaft |
| huevo pasado por agua | weiches Ei |
| huevos revueltos | Rührei |
| huevos con jamón | Eier mit Speck |
| pan/panecillos/tostadas | Brot/Brötchen/Toast |
| crema catalana | karamellisierter Vanillepudding |
| churros | frittiertes Spritzgebäck |
| mantequilla | Butter |
| queso | Käse |
| embutido | Wurst |
| jamón (serrano/(de) york) | (roher/gekochter) Schinken |
| miel | Honig |
| mermelada | Marmelade |
| müsli | Müsli |
| yogur | Joghurt |
| fruta | Obst |

## MENÚ TURISTICO | TOURISTENMENÜ

| | |
|---|---|
| ensalada | Salat |
| canalones | Canneloni |
| bacalao al ajillo | Stockfisch mit Knoblauch |
| postre: helado, yogurt o tarta dechocolate | Nachspeise: Eis, Joghurt oder Schokoladentorte |
| consomé | Kraftbrühe |
| chuleta de ternera con patatas y guisantes | Kalbskotelett mit Kartoffeln und Erbsen |
| postre (flan o fruta del tiempo) o café | Nachspeise (Karamellpudding oder Obst nach Jahreszeit) oder Kaffee |
| gazpacho | Gemüsekaltschale |
| pechuga de pollo o merluza | Hühnerbrust oder Seehecht |
| fruta del tiempo | Obst nach Jahreszeit |

> *www.marcopolo.de/spanisch*

# SPEISEKARTE

## ◼ ENTREMESES | VORSPEISEN

| | |
|---|---|
| aceitunas | Oliven |
| alcachofas | Artischocken |
| almejas | Venusmuscheln |
| boquerones | Sardellen |
| cangrejos | Krebse |
| caracoles | Schnecken |
| chorizo | Paprikawurst |
| croquetas | Kroketten |
| embutido | Wurst |
| ensaladilla rusa | Kartoffelsalat (mit Gemüse, Thunfisch, Majonäse) |
| fiambre | Aufschnitt |
| gambas | Garnelen |
| gambas al ajillos | Garnelen in Knoblauch |
| gambas a la plancha | gegrillte Garnelen |
| jamón serrano/(de) york | Schinken roh/gekocht |
| mejillones | Miesmuscheln |
| salchichón | Salami |
| salpicón de marisco | Meeresfrüchtesalat |
| sardinas | Sardinen |

## ◼ SOPAS | SUPPEN

| | |
|---|---|
| caldo | Bouillon |
| consomé | Kraftbrühe |
| crema de espárragos | Spargelsuppe |
| fabada asturiana | asturischer Bohneneintopf |
| gazpacho | Gemüsekaltschale |
| sopa de ajo | Knoblauch-Brotsuppe |
| sopa de arroz | Reissuppe |
| sopa de fideos | Nudelsuppe |
| sopa de pescado | Fischsuppe |
| sopa juliana/jardinera/ de verduras | Gemüsesuppe |

## ◼ PESCADOS Y MARISCOS | FISCH UND MEERESFRÜCHTE

> Zeigebilder: Seite 45

| | |
|---|---|
| anguila | Aal |
| angulas | Glasaal |

| | |
|---|---|
| arenque | Hering |
| atún | Thunfisch |
| bacalao | Kabeljau; (aus getrocknetem Fisch) Stockfisch |
| besugo | Seebrasse |
| bogavante | Hummer |
| bonito | (junger) Thunfisch |
| caballa | Makrele |
| calamares a la romana | panierte Tintenfischringe |
| calamares en su tinta | Tintenfisch in eigener Sauce |
| carpa | Karpfen |
| centollo | Seespinne |
| cigalas | Kronenhummer |
| corvina | Meerrabe |
| dorada | Goldbarsch |
| gambas | Garnelen |
| langosta | Languste |
| langostinos | Riesengarnelen |
| lenguado | Seezunge |
| lubina | See-/Wolfsbarsch |
| merluza | Seehecht |
| paella | Reispfanne (mit Meeresfrüchten) |
| parrillada de pescado | Fisch-Grillplatte |
| perca | Barsch |
| pescadilla | junger Seehecht |
| pescado a la marinera | Fisch Matrosenart (in Tomaten-Weißweinsoße) |
| pez espada | Schwertfisch |
| platija | Scholle |
| pulpo | Octopus |
| rape | Seeteufel |
| raya | Rochen |
| rodaballo | Steinbutt |
| salmón | Lachs |
| salmonete | Meerbarbe |
| trucha | Forelle |
| zarzuela de marisco(s) | Meeresfrüchtepfanne |

## ■ CARNE Y AVES | FLEISCH UND GEFLÜGEL ■

> Zeigebilder: Seite 44

| | |
|---|---|
| asado | Braten |
| bistec | Beefsteak |
| cabrito | Zicklein |

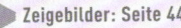

> *www.marcopolo.de/spanisch*

# SPEISEKARTE

| | |
|---|---|
| callos | Kutteln |
| carne picada | Hackfleisch |
| cerdo | Schwein |
| chuleta | Kotelett |
| cocido | Eintopf (mit Fleisch, Kichererbsen, Kartoffeln und Gemüse) |
| cochinillo | Spanferkel |
| conejo | Kaninchen |
| cordero | Hammel, Lamm |
| cordero lechal | Lämmchen |
| empanada | Pastete |
| escalope | Schnitzel |
| estofado | Schmorbraten |
| faisán | Fasan |
| filete | Filet, Lendenstück |
| guisado | Gulasch, Ragout |
| hígado | Leber |
| lengua | Zunge |
| liebre | Hase |
| lomo | Lende |
| paella | Reispfanne (mit Meeresfrüchten) |
| parrillada de carne | Grillplatte |
| pato | Ente |
| pavo | Truthahn |
| pechuga de pollo | Hähnchenbrust |
| perdiz | Rebhuhn |
| pichón | Taube |
| pollo | Hähnchen |
| riñones | Nieren |
| rosbif | Rostbeef |
| sesos | Hirn |
| solomillo | Filet, Lendenstück |
| ternera | Kalb |
| vaca | Rind |

## ENSALADA Y VERDURAS | SALAT UND GEMÜSE

 Zeigebilder: Seite 41

| | |
|---|---|
| acelgas | Mangold |
| aguacate | Avocado |
| alcachofas | Artischocken |
| berenjenas | Auberginen |
| cebollas | Zwiebeln |

| | |
|---|---|
| col de Bruselas | Rosenkohl |
| coliflor | Blumenkohl |
| ensalada variada/mixta | gemischter Salat |
| ensalada del tiempo | Salat der Saison |
| escarola | Endivie(nsalat) |
| espárragos | Spargel |
| frijoles | dicke Bohnen |
| garbanzos | Kichererbsen |
| guisantes | Erbsen |
| judías blancas (alubias) | weiße Bohnen |
| judías verdes | grüne Bohnen |
| lechuga | Kopfsalat |
| lentejas | Linsen |
| patatas/papas fritas | Kartoffeln/Pommes (frites) |
| pepino | Gurke |
| pimiento | Paprika |
| pisto (manchego) | geschmortes Gemüse |
| setas | Pilze |
| tomate | Tomate |
| zanahorias | Karotten |

## ■ PLATOS DE HUEVOS | EIERSPEISEN ■

| | |
|---|---|
| huevos al plato | Setzeier |
| huevos duros | hartgekochte Eier |
| huevos fritos | Spiegeleier |
| huevos pasados por agua | weichgekochte Eier |
| huevos revueltos | Rühreier |
| tortilla (a la) española | Kartoffelomelett |
| tortilla (a la) francesa | Eieromelett |

## ■ POSTRES, QUESO Y FRUTA | NACHSPEISEN, KÄSE UND OBST ■

 Zeigebilder: Seite 42 f.

| | |
|---|---|
| albaricoques | Aprikosen |
| arroz con leche | Milchreis |
| cerezas | Kirschen |
| ciruelas | Pflaumen |
| compota | Kompott |
| flan | Karamellpudding |
| fresas | Erdbeeren |

> *www.marcopolo.de/spanisch*

# SPEISEKARTE

| | |
|---|---|
| higos | Feigen |
| macedonia (de frutas) | Obstsalat |
| mandarina | Mandarine |
| manzana | Apfel |
| melocotón | Pfirsich |
| melón | Melone |
| naranja | Apfelsine |
| natillas | Cremespeise |
| pera | Birne |
| piña | Ananas |
| plátano, banana | Banane |
| pomelo, toronja | Grapefruit, Pampelmuse |
| queso de cabra | Ziegenkäse |
| queso de Gruyère | Greyerzer(-Käse), Gruyère |
| queso manchego | Manchego(-Käse) [Schafshartkäse] |
| queso de oveja | Schafskäse |
| sandía | Wassermelone |
| tarta | Torte |
| uvas | Weintrauben |

## ◼ HELADOS | EIS

| | |
|---|---|
| café helado | Eiskaffee |
| copa de helado | Eisbecher |
| copa de helado con frutas | Eisbecher mit Früchten |
| helado de chocolate | Schokoladeneis |
| helado de fresa | Erdbeereis |
| helado de limón | Zitroneneis |
| helado de vainilla | Vanilleeis |
| helado variado | gemischtes Eis |
| mantecado | Sahneeis |

## ◼ DULCES | GEBÄCK

| | |
|---|---|
| bombón | Praline |
| chocolate | Schokolade |
| churros | frittiertes Spritzgebäck |
| dulces | Süßigkeiten |
| galletas | Kekse |
| nata | Sahne |
| nata batida/montada | Schlagsahne |
| pastas, pasteles | Gebäck |

| | |
|---|---|
| pastel | Kuchen |
| pastelitos de crema | Cremeschnitte |
| tarta | Torte |
| tarta de crema | Buttercremetorte |
| tarta helada | Eistorte |
| tarta de frutas | Obstkuchen |
| tarta de manzana | Apfelkuchen |
| torta, tarta | Torte |

## ■ BEBIDAS NO ALCOHÓLICAS | ALKOHOLFREIE GETRÄNKE ■

| | |
|---|---|
| agua mineral | Mineralwasser |
| batido | Milchshake |
| cacao | Kakao |
| (café) americano | großer schwarzer Kaffee |
| café solo | Espresso |
| café con leche | Milchkaffee |
| (café) cortado | Espresso mit wenig Milch |
| (café) descafeinado | koffeinfreier Kaffee |
| horchata | Erdmandelmilch |
| leche | Milch |
| naranjada | Orangeade |
| zumo de fruta | Fruchtsaft |
| zumo de limón | Zitronensaft |
| zumo de naranja | Orangensaft |

## ■ ALGUNOS VINOS TÍPICOS ESPAÑOLES
## EINIGE TYPISCHE SPANISCHE WEINE

| | |
|---|---|
| Cariñena | herber Tischwein |
| Chacolí | herber Aperitif |
| Jerez (dulce/oloroso) | (süßer) Sherry |
| Málaga | sehr süßer Dessertwein |
| Manzanilla | herber Weißwein |
| Montilla | herber Aperitif |
| Moriles | herber Weißwein |
| Moscatel | Muskateller |
| Priorato | herber Rot- oder Weißwein (aus Katalonien) |
| Ribeiro | herber Rotwein (Tischwein aus Galizien) |
| Rioja | herber Rot- und Weißwein |
| Sangría | Rotweinbowle (mit Früchten) |
| Valdepeñas | herber Rot- und Weißwein (aus der "Mancha") |

> www.marcopolo.de/spanisch

# GETRÄNKEKARTE

## OTRAS BEBIDAS ALCOHÓLICAS
### WEITERE ALKOHOLISCHE GETRÄNKE

| | |
|---|---|
| aguardiente | Schnaps |
| caña de cerveza | Glas Bier vom Fass |
| cerveza de barril | Bier vom Fass |
| champán, cava | Sekt |
| coñac | Kognak |
| Cuba Libre | Cola (mit) Rum |
| ginebra | Gin |
| sidra | Apfelwein |

# WIE DIE EINHEIMISCHEN

**▶▶ Frühstücksmuffel**

Liebhaber eines ausgefallenen Frühstücks werden in spanischen Bars kaum auf ihre Kosten kommen. Milchkaffee mit einem Croissant ist oft bereits der Gipfel des Frühstücksgenusses. Wer es deftig mag und etwas mehr Hunger mitbringt, kann sich auch schon zum Frühstück ein *bocadillo* bestellen – ein Baguette, das wahlweise mit spanischem Schinken, Käse, Chorizo, Tortilla und anderen Spezialitäten belegt sein kann.

In den Churrerías und der einen oder anderen Cafetería kann man auch *chocolate con churros* frühstücken. Hierbei handelt es sich um frisch frittiertes Spritzgebäck, das mit dickflüssiger heißer Schokolade serviert wird. Siehe dazu auch Speisekarte, S. 46.

**▶▶ Die bessere Hälfte**

Wenn man Sie in Spanien nach Ihrer *media naranja* fragt, dann meint man damit keineswegs eine halbe Orange, sondern Ihre „bessere Hälfte" ...

**▶▶ Schmeckt's?**

*¿Te gusta?* („Schmeckt's"?) hat verschiedene Bedeutungen und bezieht sich nicht immer nur auf das Essen. Es kann sich auch auf Dinge und Personen beziehen („Gefällt es/er/sie dir?"). So auch: *Me gustas!* – „Du gefällst mir!"

# > ERFOLGREICH SHOPPEN

Mal ist es der schicke Schuh oder das schöne Souvenir, mal die Zahnbürste oder das Vollkornbrot – jetzt sind Sie für alle Eventualitäten gerüstet. Plus: praktische Zeigebilder

## ■ IM GESCHÄFT | EN LA TIENDA ■

| | |
|---|---|
| **Danke, ich sehe mich nur um.** | Gracias, estoy mirando nada más. |
| **Entschuldigen Sie bitte, wo finde ich ...?** | Perdone, por favor, ¿dónde hay…? |
| **Ich möchte ...** | Quisiera …/Desearía … |
| **Haben Sie ...?** | ¿Tiene usted …? |
| **Nehmen Sie Kreditkarten?** | ¿Aceptan ustedes tarjetas de crédito? |
| **Wie viel kostet es?** | ¿Cuánto cuesta? |
| **Das ist aber teuer!** | ¡Qué caro! |

# EIN KAUFEN

| | |
|---|---|
| Können Sie am Preis noch etwas machen? | ¿Puede hacerme un descuento? |
| Ich zahle höchstens ... | Pagaría un máximo de … |
| Ich nehme es. | Me lo llevo. |
| Können Sie mir ein ...geschäft empfehlen? | ¿Puede usted indicarme una buena tienda de …? |

**ÖFFNUNGSZEITEN** HORARIO

| | |
|---|---|
| offen | abierto |
| geschlossen | cerrado |
| Betriebsferien | cerrado por vacaciones |

información turística

oficina de correos

farmacia

droguería

panadería

frutería y verdulería

carnicería

tienda macrobiótica

zapatería

óptico

joyero

(tienda de) artículos de piel/cuero

(tienda de) artículos eléctricos

tienda de informática

(tienda de) artículos fotográficos

tienda de móviles

el vendedor de periódicos

librería

tienda de discos

juguetería, (tienda de) artículos de juguete

(el almacén de) vinos, la bodega

(tienda de) bebidas alcohólicas, vinos y licores

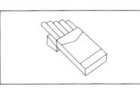

estanco (Am cigarrería)

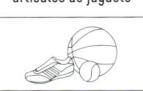

(tienda de) artículos de deporte

florería

peluquería

artículos domésticos

agencia de viajes

| | |
|---|---|
| **Einkaufszentrum** | centro comercial |
| **Flohmarkt** | rastro |
| **Kaufhaus** | los grandes almacenes |
| **Markt** | mercado |
| **Reiseandenken** | recuerdos (de viaje), souvenirs |
| **Supermarkt** | supermercado |

# EINKAUFEN

 **APOTHEKE** | FARMACIA

Arzt: Seite 90 ff.

| | |
|---|---|
| Wo ist die nächste Apotheke? | ¿Dónde está la farmacia más cercana, por favor? |
| Geben Sie mir bitte etwas gegen … | ¿Me puede dar algo contra …, por favor? |

### MAN NEHME … TOME …

| | |
|---|---|
| innerlich | para uso interno |
| äußerlich | para uso externo |
| einnehmen | tomar |
| auf nüchternen Magen | en ayunas |
| unzerkaut mit etwas Flüssigkeit einnehmen | sin masticar y con líquidos |
| in etwas Wasser auflösen | disolver con un poco de agua |
| im Mund zergehen lassen | dejar deshacerse en la boca |
| vor dem Essen | antes de las comidas |
| nach dem Essen | despúes de las comidas |

 weiter auf Seite 60

# WIE DIE EINHEIMISCHEN

*Insider Tipps*

## Wer ist der Letzte?

Wartet man darauf bedient zu werden, sichert man sich mit ¿Quién es el último? – „Wer ist der Letzte?" seinen Platz in der Warteschlange.

## Schmeicheleien

Die weit verbreiteten Schmeicheleien (*piropos*), die manche spanischen Männer vorbeigehenden Frauen zurufen, sind nicht als Anzüglichkeit zu verstehen. Das *piropear* ist eher als ein nicht weiter ernst zu nehmender Zeitvertreib der spanischen Männerwelt zu betrachten, bei dem die spanischen Machos in einen Wettstreit um die phantasievollste Umschreibung weiblicher Wesen treten.

Wundern Sie sich zudem nicht, wenn Sie in Geschäften, Kneipen oder auf dem Markt mit *guapo* oder *guapa* („Hübsche(r)"), *cariño* („Liebling"), *reina* („Königin"), *mi niña* („mein Mädchen"), *hija* („Tochter") oder ähnlichen Floskeln angesprochen werden. Auch das ist normalerweise keine „Anmache", sondern es sind freundlich gemeinte Anreden, die in Spanien üblich sind.

el jabón

el desodorante

crema

el papel higiénico

cepillo de dientes

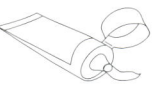
pasta de dientes

seda dental

los pañuelos de papel

el champú

el fijador

el peine/cepillo del pelo

espejo

lima de uñas

las pinzas

tijera de uñas

el perfume

el tampón

los paños higiénicos

el rímel

el lápiz de labios

cuchilla de afeitar

maquinilla de afeitar

la loción

preservativo, el condón

crema solar

botella de agua caliente

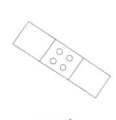
esparadrapo

los tapones para los oídos

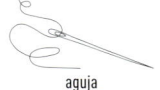
aguja

hilo

los imperdibles

el botón

> *www.marcopolo.de/spanisch*

## ELEKTRO/COMPUTER/FOTO
### ELECTRÓNICA/INFORMÁTICA/FOTOGRAFÍA

linterna

bombilla

batería

el adaptador

el (ordenador) portátil

el cable de la batería
(del portátil)

el CD/el DVD

el pen drive,
el stick de memoria

impresora

el escáner

el (teléfono) móvil

el cargador (del móvil)

el televisor

la radio

el MP3/el iPod

los auriculares

cámara fotográfica
digital

teleobjetivo

batería (recargable)

tarjeta memoria,
la memory card

el carrete

diapositiva

cámara fotográfica
sumergible

cámara de vídeo,
filmadora

el despertador

máquina de afeitar

cepillo de dientes eléctrico

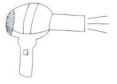
el secador de pelo

| | |
|---|---|
| Abführmittel | el laxante |
| Antibabypille | píldora anticonceptiva |
| Antibiotikum | antibiótico |
| Aspirin | aspirina® |
| Augentropfen | las gotas para los ojos |
| Beruhigungsmittel | el tranquilizante |
| Brandsalbe | pomada para quemaduras |
| Desinfektionsmittel | el desinfectante |
| Fieberthermometer | termómetro |
| Gegengift | antídoto |
| Halstabletten | las pastillas para la garganta |
| Hustensaft | el jarabe (contra la tos) |
| Insektenmittel | el insecticida |
| Jod(tinktur) | tintura de yodo |
| Kondom | preservativo, el condón |
| Kopfschmerztabletten | las pastillas para el dolor de cabeza |
| Kreislaufmittel | medicamento para la circulación de la sangre |
| Magentropfen | las gotas para el dolor de estómago |
| Medikament | medicina, medicamento |
| Mittel | medicina, remedio |
| Mullbinde | gasa |
| Nebenwirkungen | los efectos secundarios |
| Ohrentropfen | las gotas para los oídos |
| Pflaster | esparadrapo |
| Rezept | la receta |
| Salbe | pomada |
| Schlaftabletten | los somníferos |
| Schmerztabletten | las pastillas contra el dolor |
| Sonnenbrand | quemadura por el sol |
| Tablette | pastilla, comprimido |
| Traubenzucker | glucosa |
| Tropfen | las gotas |
| Zäpfchen | los supositorios |

## ■ FRISEUR | PELUQUERÍA

| | |
|---|---|
| Kann ich mich für morgen anmelden? | ¿Puede usted darme hora (Am un turno) para mañana? |
| Schneiden mit/ohne Waschen, bitte. | Cortar y lavar/Cortar sin lavar, por favor. |
| Nicht zu kurz, bitte. | No demasiado corto, por favor. |
| Etwas kürzer, bitte. | Un poco más corto, por favor. |
| Ganz kurz, bitte. | Muy corto, por favor. |

> *www.marcopolo.de/spanisch*

| | |
|---|---|
| Rasieren, bitte. | Afeitar, por favor. |
| Stutzen Sie mir bitte den Bart. | Córteme un poco la barba, por favor. |
| Vielen Dank. So ist es gut. | Muchas gracias. Está muy bien así. |

| | |
|---|---|
| Augenbrauen zupfen | depilar las cejas |
| Bart | barba |
| blond | rubio |
| färben | teñir |
| föhnen | secar |
| frisieren | peinar |
| Frisur | peinado |
| glätten | alisar |
| Haar | pelo |
| Haarschnitt | el corte de pelo |
| kämmen | peinar |
| Locken | los rizos (Am los rulos) |
| Pony | flequillo |
| Scheitel | raya |
| Schnurrbart | el bigote |
| Schuppen | caspa |
| Shampoo | el champú |
| Spitzen schneiden | cortar las puntas |
| Strähne | mecha |
| Stufen | las capas |
| tönen | dar reflejos |

## OPTIKER | ÓPTICO

| | |
|---|---|
| Würden Sie mir bitte diese Brille reparieren? | ¿Puede usted arreglarme estas gafas (Am estos anteojos/lentes), por favor? |
| Ich bin kurzsichtig/ weitsichtig. | Soy miope/présbita. |
| Wie ist Ihre Sehstärke? | ¿Cuál es su potencia visual? |
| rechts ..., links ... | a la derecha…, a la izquierda… |
| Ich brauche ... | Necesito … |
| Aufbewahrungslösung | líquido para conservar lentillas |
| Reinigungslösung | detergente |
| für harte/weiche Kontakt- linsen. | para lentes de contacto duras/blandas. |
| Ich suche ... | Quisiera … |
| eine Sonnenbrille. | unas gafas de sol. |
| ein Fernglas. | unos prismáticos. |

camiseta

el jersey (Am el pulóver)

el suéter con capucha

chaqueta (Am saco)

el pantalón

el pantalón corto

falda

el cinturón

blusa

camisa

el blazer

chaqueta de punto,
rebeca (Am saco tejido)

el traje

vestido

el traje de chaqueta

abrigo

los leotardos;
el panty

ropa interior

el albornoz

los calcetines/
las medias

el bañador,
el pantalón de baño

el traje de baño

el bikini

gorra

sombrero

los guantes

el chal,
pañuelo de cuello

# EINKAUFEN

## ■ KLEIDUNG | ROPA

| | |
|---|---|
| Können Sie mir ... zeigen? | ¿Puede usted enseñarme …? |
| Kann ich es anprobieren? | ¿Puedo probármelo? |
| Welche (Konfektions-) Größe haben Sie? | ¿Qué talla tiene usted? |
| Das ist mir zu ... | Me resulta demasiado … |
| eng/weit. | estrecho/estrecha (Am angosto(angosta)/ ancho/ancha. |
| kurz/lang. | corto/corta/largo/larga. |
| klein/groß. | pequeño/grande. |
| Das passt gut. Ich nehme es. | Me va muy bien. Me lo llevo. |
| Das ist nicht ganz, was ich möchte. | No es exactamente lo que yo quería. |
| Danke, ich denke nochmals darüber nach. | Gracias, pero me lo tengo que pensar. |

## ■ LEBENSMITTEL | LOS COMESTIBLES

 Eine ausführliche Übersicht von Lebensmitteln und Gerichten finden Sie im Kapitel ESSEN UND TRINKEN auf Seite 41 ff.

| | |
|---|---|
| Was darf es sein? | ¿Qué desea? |
| Geben Sie mir bitte ... | Déme …, por favor. |
| ein Pfund (500 g) ... | medio kilo de … |
| ein Kilo ... | un kilo de … |
| ein Stück von ... | un trozo de … |
| eine Packung ... | un paquete de … |
| ein Glas ... | un frasco de … |
| eine Dose ... | un bote de … |
| eine Flasche ... | una botella de … |
| eine Einkaufstüte. | una bolsa. |
| Darf es sonst noch etwas sein? | ¿Desea alguna cosa más? |
| Danke, das ist alles. | Eso es todo, gracias. |
| | |
| alkoholfreies Bier | cerveza sin alcohol |
| Aufschnitt | el embutido, los fiambres variados |
| Backwaren | pastelería > S. 43, 46, 51f. |
| Bier | cerveza > S. 45, 53 |
| Biokost | comida orgánica |
| Brot | el pan > S. 43, 46 |

| | |
|---|---|
| **Butter** | mantequilla (Am manteca) ➤ S. 43, 46 |
| **Eier** | los huevos ➤ S. 43, 46 |
| **Eis(krem)** | helado ➤ S. 51 |
| **Essig** | el vinagre |
| **Fisch** | pescado ➤ S. 45, 47 f. |
| **Fleisch** | la carne ➤ S. 44, 48 f. |
| **frisch** | fresco |
| **Gebäck** | las pastas, las galletas ➤ S. 43, 51 f. |
| **Geflügel** | aves ➤ S. 44, 48 f. |
| **Gemüse** | las verduras ➤ S. 41, 49 f.; (Hülsenfrüchte) las legumbres |
| **Getränke** | las bebidas ➤ S. 45, 52 f. |
| **Gewürze** | especias |
| **Hähnchen** | pollo ➤ S. 44 |
| **Joghurt** | el yogur ➤ S. 43, 46 |
| **Kaffee** | el café ➤ S. 45 f., 52 |
| **Käse** | queso ➤ S. 43, 46, 51 |
| **Kekse** | las galletas, pastas |
| **Knoblauch** | ajo |
| **Konserven** | las conservas |
| **Kuchen** | la tarta, el pastel ➤ S. 43, 51 f. |
| **Limonade** | limonada |
| **Margarine** | margarina |
| **Marmelade** | mermelada ➤ S. 46 |
| **Mayonnaise** | mayonesa |
| **Mehl** | harina |
| **Milch** | la leche ➤ S. 43, 46 |
|   fettarme Milch |   la leche semidesnatada |
| **Milchprodukte** | productos lácteos ➤ S. 43, 46 |
| **Mineralwasser** | (el) agua mineral ➤ S. 45, 52 |
| **Nudeln** | la pasta |
| **Nüsse** | los frutos secos ➤ S. 43 |
| **Obst** | fruta ➤ S. 42, 46, 50 f. |
| **Öl** | el aceite |
| **Orangensaft** | zumo de naranja ➤ S. 52 |
| **Pfeffer** | pimienta |
| **Sahne** | crema, nata |
| **Salat** | ensalada ➤ S. 41, 49 f. |
| **Salz** | la sal |
| **Schokolade** | el chocolate |
| **Schokoriegel** | barra/barrita de chocolate |
| **Senf** | mostaza |
| **Suppe** | sopa ➤ S. 47 |
| **Süßigkeiten** | los dulces, las golosinas ➤ S. 51 f. |
| **Tee** | el té ➤ S. 43, 45 f. |

| | |
|---|---|
| Teebeutel | bolsita de té |
| Toast | tostada > S. 43, 46 |
| Vollkorn | integral |
| Wein | vino > S. 52 |
| Wurst | embutido > S. 44 |
| Würstchen | salchicha |
| (ohne) Zucker | (sin) azúcar |

## ■ SCHMUCKWAREN | JOYAS Y BISUTERÍA

| | |
|---|---|
| Meine Uhr geht nicht mehr. Können Sie mal nachsehen? | Mi reloj no funciona. ¿Puede usted mirar lo que tiene? |
| Ich möchte ein schönes Andenken/Geschenk. | Busco un recuerdo/regalo bonito. |

| | |
|---|---|
| Anhänger | el colgante |
| Armband | pulsera, el brazalete |
| Armbanduhr | el reloj de pulsera |
| Brosche | el broche |
| echt | legítimo |
| (Edel-)Stein | piedra (preciosa) |
| Gold | oro |
| Kette | el collar, cadena |
| Kristall | el cristal (de roca) |
| Modeschmuck | bisutería |
| Ohrringe | los pendientes (Am los aretes) |
| Perle | perla |
| Ring | anillo |
| Schmuck | las joyas |
| Silber | plata |
| wasserdicht | resistente al agua |

## ■ SCHUHGESCHÄFT | ZAPATERÍA

| | |
|---|---|
| Ich hätte gern ein Paar ...schuhe. | Quiero un par de zapatos … |
| Ich habe Schuhgröße ... | Calzo el número … |
| Sie sind zu eng/weit. | Son demasiado estrechos/estrechas/anchos/anchas. |

| | |
|---|---|
| (mit) Absatz | (con) tacón |
| Damenschuh | zapato de mujer |
| Gummistiefel | las botas de goma |

| Leder-/Gummisohle | suela de cuero/goma |
| Männerschuh | zapato de caballero |
| Mokassin | el mocasín |
| Sandalen | las sandalias |
| Schuhe | los zapatos |
| Schuhcreme | el betún |
| Stiefel | las botas |
| Turnschuhe | las zapatillas de deporte |
| Wander-/Trekkingschuh | bota de monte/de trekking |

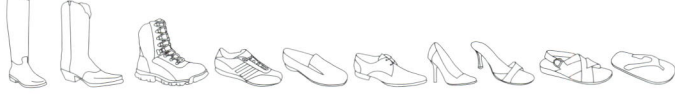

## ■ SOUVENIRS | RECUERDOS ■

| Ich hätte gern ... | Quisiera … |
| ein hübsches Andenken. | un recuerdo bonito. |
| etwas Typisches aus dieser Gegend. | algo típico de esta zona. |
| Ich möchte etwas nicht zu Teures. | Quisiera algo que no sea demasiado caro. |
| Das ist aber hübsch. | Esto es muy bonito. |
| Danke schön, ich habe nichts gefunden (, das mir gefällt). | Gracias, pero no veo nada que me guste. |

| echt | auténtico |
| Folkloreladen | tienda de productos folclóricos |
| handgemacht | hecho a mano |
| Keramik | cerámica |
| Mitbringsel | recuerdo |
| regionale Produkte/ | los productos tradicionales/ |
| Spezialitäten | típicos |
| Schmuck | las joyas |
| Schnitzerei | tallas de madera |
| Textilwaren | los tejidos |
| Töpferwaren | los objetos de cerámica |

## SCHREIBWAREN UND BÜCHER | PAPELERÍA Y LIBROS

| Ich hätte gern ... | Quisiera… |
|---|---|
| eine deutsche Zeitung. | un periódico alemán. |
| eine Zeitschrift. | una revista. |
| einen deutschen/englischen Roman. | una novela en alemán/inglés. |
| einen Kriminalroman. | una novela policíaca. |
| einen Reiseführer. | una guía turística. |

| Bleistift | el lápiz, lapicero |
|---|---|
| Briefmarke | sello (Am estampilla) |
| Briefpapier | el papel de escribir |
| Briefumschlag | el sobre |
| Klebstoff | la goma, pegamanto |
| Kochbuch | libro de cocina |
| Kugelschreiber | bolígrafo (Am lapicero de bolilla) |
| Landkarte | el mapa |
| Notizblock | el bloc/la libreta de apuntes |
| Papier | el papel |
| Postkarte | la postal |
| Radiergummi | goma de borrar |
| Roman | novela |
| Stadtplan | plano de la ciudad |
| eine Wanderkarte dieser Gegend | un mapa de senderismo de esta zona |
| Zeichenblock | el bloc/el cuaderno de dibujo |
| Zeitschrift | revista |
| Zeitung | periódico |

## > ZIMMER MIT AUSSICHT

Ob W-LAN im Hotel, die Kinderbetreuung in der Ferienanlage,
die Rechnung per Kreditkarte – alles nur eine Frage des Service.
Äußern Sie Ihre Wünsche!

# AUSKUNFT

 Reiseplanung: Seite 8 f.

| Können Sie mir bitte ... | Perdón, señor/señora. |
|---|---|
| empfehlen? | ¿Podría usted recomendarme … |
| ein gutes Hotel | un buen hotel? |
| eine Pension | una pensión? |
| ein Zimmer | una habitación |
| eine Jugendherberge? | un albergue juvenil? |
| einen Campingplatz? | un cámping? |

# ÜBER NACHTEN

## ... IM HOTEL

**■ REZEPTION** | LA RECEPCIÓN ■■■■■■■■■■■■

| | |
|---|---|
| Ich habe ein Zimmer reserviert. Ich heiße ... | He reservado una habitación. Me llamo ... |
| Haben Sie noch Zimmer frei ... | ¿Tienen ustedes habitaciones libres ... |
| ... für eine Nacht? | ... para una noche? |
| ... für zwei Tage? | ... para dos días? |
| ... für eine Woche? | ... para una semana? |

| | |
|---|---|
| **Nein, wir sind leider vollständig belegt.** | Lo siento, está todo ocupado. |
| **Ja, was für ein Zimmer wünschen Sie?** | Sí. ¿Qué clase de habitación desea usted? |
| **ein Einzelzimmer** | una habitación individual |
| **ein Doppelzimmer** | una habitación doble |
| **mit Dusche** | con ducha |
| **mit Bad** | con baño |
| **ein ruhiges Zimmer** | una habitación tranquila |
| **mit Blick aufs Meer** | con vista(s) al mar |
| **Kann ich das Zimmer ansehen?** | ¿Podría ver la habitación? |
| **Können Sie noch ... dazustellen?** | ¿Pueden ustedes poner ... |
| **ein weiteres Bett** | otra cama? |
| **ein Kinderbett** | una cama para un niño? |
| **Was kostet das Zimmer mit ...** | ¿Cuánto cuesta la habitación con ... |
| **Frühstück?** | desayuno? |
| **Halbpension?** | media pensión? |
| **Vollpension?** | pensión completa? |
| **Ab wann gibt es Frühstück?** | ¿Desde qué hora se puede desayunar? |
| **Wo ist das Restaurant?** | ¿Dónde está el restaurante? |
| **Wecken Sie mich bitte morgen früh um ... Uhr.** | Haga el favor de despertarme mañana a las ... |
| **Bitte meinen Schlüssel.** | Mi llave, por favor. |

> Frühstück: ESSEN UND TRINKEN auf Seite 46

## ■ BEANSTANDUNGEN | RECLAMACIONES ■

| | |
|---|---|
| **Das Zimmer ist nicht gereinigt worden.** | La habitación no está limpia. |
| **Die Dusche ...** | La ducha ... |
| **Die Spülung ...** | El agua del wáter ... |
| **Die Heizung ...** | La calefacción ... |
| **Das Licht ... funktioniert nicht.** | La luz ... no funciona. |
| **Es kommt kein (warmes) Wasser.** | No sale agua (caliente). |
| **Die Toilette/Das Waschbecken ist verstopft.** | El baño/El lavabo está atascado (Am tapado). |

# ÜBERNACHTUNG

**ABREISE** | PARTIDA

| | |
|---|---|
| Wann muss ich spätestens auschecken? | ¿A qué hora tengo que dejar la habitación? |
| Ich möchte bitte auschecken. | Prepáreme la cuenta, por favor. |
| Ich reise heute Abend/ morgen um ... Uhr ab. | Me marcho esta tarde/mañana a las … |
| Machen Sie bitte die Rechnung fertig. | Prepáreme la cuenta, por favor. |
| Nehmen Sie Kreditkarten? | ¿Aceptan ustedes tarjetas de crédito? |
| Vielen Dank für alles. Auf Wiedersehen. | Muchas gracias por todo. Adiós. |

| | |
|---|---|
| Abendessen | cena |
| Badezimmer | cuarto de baño |
| Bett | cama |
| Bettwäsche | ropa de cama |
| Dusche | ducha |
| Etage | piso |
| Fenster | ventana |
| Frühstück | desayuno |
| Frühstücksraum | sala de desayuno |
| Halbpension | media pensión |
| Handtuch | toalla |

# WIE DIE EINHEIMISCHEN

**Insider Tipp**

## ▶ Wer führt was im Schilde?

Die unterschiedlichen Kategorien sind am Eingang der jeweiligen Unterkunft nicht nur mit Sternen, sondern auch durch Buchstaben ausgeschildert. So bedeutet ein einfaches „H" Hotel. „HR" steht für Hotel Residencia, einem Hotel ohne Restaurant. „HS" steht für Hostal, einem Gästehaus – auch dort findet sich oft kein Restaurant. Spanische Pensionen sind durch „P" (für Pensión) oder „F" (für Fonda) gekennzeichnet. Moteles führen ein „M" im Schilde, und „PT" weist einen Parador aus – ein staatlich betriebenes, komfortables und stilvolles Hotel in einem meist historischen Gebäude (Kloster, Festung, Schloss etc.) Die Anzahl der Sterne gibt nicht unbedingt Auskunft über die Güte eines Hauses. Verlassen Sie sich lieber auf Empfehlungen und Erfahrungsberichte.

▶ Die MARCO POLO Reiseführer zu Spanien bieten Ihnen sicher eine gute Entscheidungshilfe. Besondere Tipps finden Sie auch auf www.marcopolo.de

| | |
|---|---|
| Hauptsaison | temporada alta |
| Heizung | la calefacción |
| Kinderbetreuung | guardería infantil |
| Kinderbett | cama de niño |
| Klimaanlage | el aire acondicionado |
| Kopfkissen | almohada |
| Lampe | lámpara |
| Mittagessen | comida, almuerzo |
| Nachsaison | temporada baja |
| Nachttisch | mesita de noche |
| Nachttischlampe | lámpara de mesita de noche |
| Pension | la pensión |
| Portier | portero |
| Radio | la radio |
| reinigen | limpiar |
| Reservierung | reserva |
| Restaurant | el restaurante |
| Rezeption | la recepción |
| Safe | caja fuerte |
| Schlüssel | la llave |
| Schrank | armario |
| Steckdose | (caja de) el enchufe |
| Stecker | clavija de enchufe |
| Toilette | los servicios, baño |
| Toilettenpapier | el papel higiénico |
| Übernachtung (mit Frühstück) | alojamiento (con desayuno) |
| Vollpension | la pensión completa |
| Vorsaison | temporada baja |
| Waschbecken | lavabo |
| Wasser | (el) agua |
|   kaltes Wasser | (el) agua fría |
|   warmes Wasser | (el) agua caliente |
| Wasserhahn | grifo (Am canilla) |
| Zimmer | la habitación (Am pieza) |
| Zimmermädchen | camarera (del hotel) |
| Zwischenstecker | el enchufe intermedio |

# ÜBERNACHTUNG

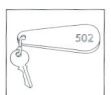    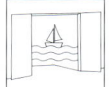 

 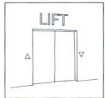    

     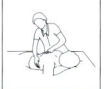

# ... IM FERIENHAUS

 Reiseplanung: Seite 8

| | |
|---|---|
| Ist der Strom-/Wasser-verbrauch im Mietpreis enthalten? | ¿Está incluido en el alquiler el precio de la electricidad/del agua? |
| Sind Bettwäsche und Handtücher vorhanden? | ¿Hay ropa de cama y toallas? |
| Sind Haustiere erlaubt? | ¿Admiten ustedes animales domésticos? |
| Wo bekommen wir die Schlüssel für das Haus? | ¿Dónde nos entregan las llaves para la casa? |
| Müssen wir die Endreinigung selbst übernehmen? | ¿Tenemos que encargarnos nosotros de la limpieza final? |

| | |
|---|---|
| Anreisetag | el día de llegada |
| Appartement | apartamento (Am departamento) |
| Bungalow | el bungalow |
| Endreinigung | limpieza final |
| Etagenbett | las literas |
| Ferienanlage | la urbanización de vacaciones |
| Ferienhaus | casa de vacaciones |
| Ferienwohnung | piso (Am apartamento) de vacaciones |
| Flaschenöffner | el abrebotellas |
| Geschirrtuch | paño de cocina |
| Hausbesitzer | dueño de la casa |
| Haustiere | los animales domésticos |
| Herd | cocina |
| Kaution | depósito |
| Kochnische | el rincón-cocina |
| Korkenzieher | el sacacorchos |
| Kühlschrank | nevera |
| Miete | el alquiler |
| Müll | basura |
| Mülltrennung | la separación de basuras |
| Nebenkosten | los gastos adicionales |
| Schlafcouch | el sofá-cama |
| Schlafzimmer | dormitorio |
| Schlüssel | la llave |
| Strom | la corriente, la electricidad |
| vermieten | alquilar |
| Wohnzimmer | cuarto de estar |

plato

vaso/los vasos

taza/las tazas

huevera

el tenedor

cuchara

cuchillo

cucharilla (de café)

cuchara (mezcladora),
el cucharón

paleta, espátula

el chucharón

el batidor (manual)

el rallador

tabla de cortar

el colador

batidora, el batidor

olla, cazuela

la sartén

la fuente/las fuentes

cocina de gas

horno

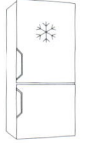
nevera

el lavaplatos,
el lavavajillas

lavadora

hervidora

cafetera

filtro de café

el tostador

aspiradora

fregona

plancha

cuerda de la ropa

escoba

el recogedor

el detergente,
producto de limpieza

cubo (Am el balde)

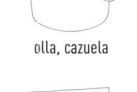

# ... AUF DEM CAMPINGPLATZ

| Haben Sie noch Platz für einen Wohnwagen/ein Zelt? | ¿Tienen ustedes sitio para un coche-vivienda (Am una casa rodante)/una tienda (Am una carpa)? |
|---|---|
| Wie hoch ist die Gebühr pro Tag und Person? | ¿Cuánto cuesta por día y por persona? |
| Wie hoch ist die Gebühr für ... | ¿Cuánto se paga por ... |
| das Auto? | un coche (Am un carro)? |
| den Wohnwagen? | un coche-vivienda (Am una casa rodante)? |
| das Wohnmobil? | una autocaravana? |
| das Zelt? | una tienda (Am una carpa)? |
| Wir bleiben ... Tage/Wochen. | Pensamos quedarnos ... días/semanas. |
| Vermieten Sie stationäre Wohnwagen? | ¿Alquilan ustedes caravanas estacionadas? |
| Wo sind ... | ¿Dónde están ... |
| die Toiletten? | los servicios? |
| die Waschräume? | los lavabos? |
| die Duschen? | las duchas? |
| Gibt es hier Stromanschluss? | ¿Hay aquí corriente eléctrica? |
| Wo kann ich Gasflaschen umtauschen? | ¿Dónde puedo cambiar botellas de butano (Am garrafas de gas)? |

| Abfallbeutel | bolsa de la basura |
|---|---|
| Alufolie | el papel de estaño |
| Benutzungsgebühr | tasa de utilización |
| Brennspiritus | el alcohol de quemar |
| Camping | el cámping |
| Campingplatz | el cámping |
| Dosenöffner | el abrelatas |
| Essbesteck | los cubiertos |
| Flaschenöffner | el abrebotellas |
| Gasflasche | bombona (Am garrafa) de gas |
| Gaskocher | horno de gas |
| Geschirrspülbecken | fregadero |
| Grill | parrilla, barbacoa |
| Grillanzünder | el encendedor |
| Grillkohle | el carbón de parrilla |
| Kerzen | velas |
| Kocher | hornillo, horno |
| Korkenzieher | el sacacorchos |
| leihen | (verleihen) prestar; (sich ausleihen) pedir prestado |
| Leihgebühr | el alquiler |

| | |
|---|---|
| Papierservietten | las servilletas de papel |
| Petroleum | petróleo |
| Petroleumlampe | lámpara de petróleo |
| Plastikbeutel | bolsa de plástico |
| Sonnenschirm | sombrilla |
| Spülmittel | el detergente |
| Spültuch | paño para fregar |
| Steckdose | (caja de) el enchufe |
| Stecker | clavija de enchufe |
| Strom | la corriente, la electricidad |
| Stromanschluss | toma de corriente |
| Taschenmesser | navaja |
| Trinkwasser | (el) agua potable |
| Voranmeldung | conferencia con preaviso |
| Wäscheklammern | las pinzas de la ropa |
| Waschmittel | el detergente |
| Wasser | (el) agua |

# ... IN DER JUGENDHERBERGE

| | |
|---|---|
| Kann ich bei Ihnen Bettwäsche leihen? | ¿Me pueden prestar ropa de cama? |
| Die Eingangstür wird um 24 Uhr abgeschlossen. | La puerta de entrada se cierra a medianoche. |

| | |
|---|---|
| Bettwäsche | ropa de cama |
| Internet | el internet |
| Jugendherberge | el albergue juvenil |
| Jugendherbergsausweis | el carnet de albergues juveniles |
| Küche | cocina |
| Mitgliedskarte | la tarjeta de/el carnet de socio |
| Schlafsaal | dormitorio |
| Schlafsack | saco de dormir |
| Waschraum | los lavabos |

## > WAS UNTERNEHMEN WIR?

Ob authentischer Kochkurs, aufregender Trekking-Ausflug oder
großer Theaterabend: Lassen Sie sich von den nächsten Seiten
helfen, jede Menge Urlaubsabenteuer zu erleben.

## AUSKUNFT

| | |
|---|---|
| Ich möchte einen Stadtplan von ... haben. | Quisiera un mapa de … |
| Welche Sehenswürdigkeiten gibt es hier? | ¿Qué cosas dignas de verse hay aquí? |
| Gibt es Stadtrundfahrten? | ¿Hay visitas organizadas de la ciudad? |
| Was kostet denn die Rundfahrt, bitte? | ¿Cuánto cuesta el billete (Am boleto), por favor? |

# VOLLES PROGRAMM

## SEHENSWÜRDIGKEITEN/MUSEEN

| | |
|---|---|
| Wann ist das Museum geöffnet? | ¿A qué horas está abierto el museo? |
| Wann beginnt die Führung? | ¿A qué hora comienza la visita con guía? |
| Gibt es auch eine Führung auf Deutsch/Englisch? | ¿Se ofrecen visitas guiadas en alemán/inglés? |
| Ist das ...? | ¿Es éste/ésta/ésto …? |

| | |
|---|---|
| Altar | el altar |
| Altstadt | la ciudad vieja |
| Architektur | arquitectura |
| Ausgrabungen | las excavaciones |
| Ausstellung | la exposición |
| Besichtigung | visita |
| Bild | pintura, cuadro |
| Bildhauer | el escultor |
| Burg | castillo |
| Denkmal | monumento |
| Dom (Kirche) | la catedral |
| Festung | fortaleza; ciudadela |
| Fremdenführer | el guía (turístico) |
| Friedhof | cementerio |
| Führung | visita guiada |
| Galerie | galería |
| Gebäude | edificio |
| Gemälde | pintura, cuadro |
| Gottesdienst | misa |
| Kaiser/in | el emperador/la emperatriz |
| Kapelle | capilla |
| Kathedrale | la catedral |
| Kirche | iglesia |
| König/in | el rey/reina |
| Malerei | pintura |
| Maler/in | el pintor/la pintora |
| Museum | museo |

# WIE DIE EINHEIMISCHEN

**Insider Tipp**

## ›› Wo steckt der Schlüssel?

Viele Kirchen, besonders auf dem Land, sind außerhalb der Gottesdienste geschlossen. Möchte man dennoch gerne einen Blick reinwerfen, dann ist in den häufigsten Fällen der Schlüssel dafür im *Casa Parroquial*, im Pfarrhaus, erhältlich. Es kann auch vorkommen, dass der Schlüssel in der Nachbarschaft der Kirche, in einem Geschäft oder in einer Bar aufbewahrt wird. Da hilft nur fragen, fragen und noch mal fragen: *Perdón, ¿podría decirme quién tiene la llave de la iglesia?*

› *www.marcopolo.de/spanisch*

# VOLLES PROGRAMM

| | |
|---|---|
| Plastik | escultura |
| Platz | plaza |
| Rathaus | ayuntamiento |
| Religion | la religión |
| restaurieren | restaurar |
| Ruine | ruina |
| Schloss | castillo, palacio |
| Sehenswürdigkeiten | los monumentos |
| Stadtrundfahrt | visita de la ciudad, las excursiones |
| Tagesausflug | la excursión de un día |
| Turm | la torre |
| Wallfahrtsort | el lugar de peregrinación |

# AUSFLÜGE

| | |
|---|---|
| Wann treffen wir uns? | ¿Cuándo quedamos? |
| Wo fahren wir los? | ¿De dónde salimos? |
| Kommen wir am/an ... vorbei? | ¿Pasamos por…? |
| Besichtigen wir auch ...? | ¿Vamos a visitar también …? |
| Wann fahren wir zurück? | ¿Cuándo regresamos? |

| | |
|---|---|
| Ausflug | la excursión |
| Aussichtspunkt | el mirador, punto de observación |
| Bergdorf | pueblo de montaña |
| Botanischer Garten | el jardín botánico |
| Fischerhafen | puerto de pescadores |
| Fischerort | el lugar de pesca |
| Inselrundfahrt | visita (guiada) de la isla |
| Landesinnere | el interior (del país) |
| Landschaft | el paisaje |
| Markt | mercado |
| Markthalle | mercado (cubierto) |
| Meer | el mar |
| Naturschutzgebiet | reserva natural/ecológica |
| Plantagen | las plantaciones |
| See | lago |
| Tagesausflug | la excursión de un día |
| Wald | el bosque |
| Wallfahrtsort | el lugar de peregrinación |
| Wasserfall | catarata, cascada |
| Wildpark | reserva de animales |
| Zoo | el zoo, el parque zoológico |

# AM ABEND

## KNEIPE/BAR/CLUB | BAR/CLUB

| | |
|---|---|
| Was kann man hier abends unternehmen? | ¿Qué se puede hacer por aquí por las tardes? |
| Gibt es hier eine gemütliche Kneipe? | ¿Hay por aquí un bar acogedor? |
| Wo kann man hier tanzen gehen? | ¿Dónde se puede ir aquí a bailar? |
| Welche Musikrichtung wird hier gespielt? | ¿Qué tipo de música tocan? |
| Ein Bier (vom Fass), bitte. | Una caña/una cerveza de barril, por favor. |
| Ein Glas Rotwein, bitte. | Un vino tinto, por favor. |
| Das Gleiche noch einmal. | Otro, por favor. |
| Diese Runde übernehme ich. | Esta ronda la pago yo. |
| Wollen wir tanzen? | ¿Bailamos? |
| | |
| ausgehen | salir |
| Band | banda, conjunto |
| Bar | (Lokal) el bar; (Nachtlokal) el club (nocturno) |
| Club/Diskothek | el club/discoteca |
| DJ | el/la dj |
| Folkloreabend | espectáculo folclórico |
| Folkloremusik | música de baile |
| Kneipe | el bar |
| Live-Musik | música en directo |
| Nachtclub | el club (nocturno) |
| Party | la fiesta |
| Show | espectáculo |
| Spielcasino | casino |
| tanzen | bailar |

## THEATER/KONZERT/KINO | TEATRO/CONCIERTO/CINE

| | |
|---|---|
| Haben Sie einen Veranstaltungskalender für diese Woche? | ¿Tienen ustedes un programa de espectáculos para esta semana? |
| Was läuft morgen Abend im Kino? | ¿Qué hay mañana por la tarde en el cine? |
| Können Sie mir ein gutes Theaterstück empfehlen? | ¿Puede usted recomendarme una buena obra de teatro? |

> www.marcopolo.de/spanisch

# VOLLES PROGRAMM

| | |
|---|---|
| Wann beginnt die Vorstellung? | ¿A qué hora comienza la representación? |
| Wo bekommt man Karten? | ¿Dónde se pueden adquirir los billetes (Am boletos)? |
| Bitte zwei Karten für heute Abend. | Dos entradas (Am boletos) para esta noche, por favor. |
| Bitte zwei Plätze zu ... | Dos entradas para ..., por favor. |
| Kann ich bitte ein Programm haben? | ¿Me puede dar un programa? |

| | |
|---|---|
| Ballett | el ballet |
| Eintrittskarte | entrada, el billete |
| Film | película, el film |
| Garderobe | el guardarropa |
| Kasse | caja |
| Kino | el cine |
| Konzert | concierto |
| Musical | comedia musical, el musical |
| Oper | ópera |
| Premiere | estreno |
| Prozession/Umzug | la procesión/el desfile |
| Schauspiel | espectáculo; teatro |
| Theater | teatro |
| Veranstaltungskalender | calendario de actos |
| Vorstellung | espectáculo, la sesión |
| Vorverkauf | venta anticipada |

# WIE DIE EINHEIMISCHEN

**Insider Tipp**

> ## Die Nacht zum Tag machen

Das spanische Nachtleben beginnt sehr spät. Vor 22:00 Uhr ist in Szene-Bars nichts los. Diskotheken und Clubs füllen sich erst nach Mitternacht und haben bis weit in den Morgen geöffnet.

Wer dann noch nicht genug hat, kann zum krönenden Abschluss heiße Schokolade mit *churros* (frittiertem Spritzgebäck) frühstücken.

> siehe dazu auch Speisekarte, Seite 53

| | |
|---|---|
| Könnten Sie mir bitte sagen, wann das ...-Festival stattfindet? | ¿Me podría decir cuándo es… el festival de…? |
| Vom ... bis ... | Del… al… |
| Jedes Jahr im August. | Cada año en agosto. |
| Alle 2 Jahre. | Cada dos años. |
| Kann jeder teilnehmen? | ¿Puede participar cualquiera? |
| | |
| Dorffest | fiesta local/del pueblo |
| Kirmes (Johannisfest; Peterfest) | verbena (San Juan; San Pedro) |
| Prozession (Karwoche) | la procesión (de Semana Santa) |
| Spanien-(Rad)rundfahrt | Vuelta Ciclista a España |
| Stadtfest | fiesta mayor |
| Stierkampf | la corrida de toros |
| festlicher Umzug/ Reiterumzug | el desfile/la cabalgata |
| Dreiköningsumzug | Cabalgata de Reyes |
| Zirkus | circo |

# STRAND UND SPORT

| | |
|---|---|
| Ist die Strömung stark? | ¿Es fuerte la corriente? |
| Ist es für Kinder gefährlich? | ¿Es peligroso para los niños? |
| Wann ist Ebbe/Flut? | ¿A qué hora es la marea baja/alta? |
| | |
| Bademeister/in | el/la vigilante |
| Badestrand | playa |
| Dusche | ducha |
| FKK-Strand | playa nudista |
| Kiosk | quiosco |
| Kurs | curso |
| Qualle | medusa |
| Sand | arena |
| schwimmen | nadar |
| Sonnenschirm | sombrilla |
| Strömung | la corriente |
| Umkleidekabinen | los vestidores |

> *www.marcopolo.de/spanisch*

# VOLLES PROGRAMM

## ■ AKTIVURLAUB/SPORT | VACACIONES ACTIVAS/DEPORTE ■■■■

| | |
|---|---|
| Welche Sportmöglichkeiten gibt es hier? | ¿Qué posibilidades hay aquí de hacer deporte? |
| Gibt es hier ein/eine ... | Hay por aquí un/una …? |
| Wo kann ich ... ausleihen? | ¿Dónde puedo alquilar …? |
| Ich möchte einen ...kurs für Anfänger/Fortgeschrittene machen. | Me gustaría hacer un curso de … de principiantes/avanzados. |

| | |
|---|---|
| Eintrittskarte | entrada, el billete |
| gewinnen | ganar |
| Mannschaft | equipo |
| Niederlage | derrota |
| Rennen | carrera |
| Schiedsrichter/in | árbitro/árbitra |
| Sieg | victoria |
| Spiel | juego, partido |
| unentschieden | empatado(s) |
| verlieren | perder |
| Wettkampf | la competición |

### WASSERSPORT  DEPORTE ACUÁTICO

| | |
|---|---|
| Bootsführerschein | el carnet naútico |
| Bootsverleih | el aquiler de barcas |
| Canyoning | descenso de barrancos |
| Freibad | piscina al aire libre |
| Hallenbad | piscina interior |

# WIE DIE EINHEIMISCHEN

**Insider Tipp**

> **Strandleben**

Eine südliche Besonderheit sind die *vendedores ambulantes*, die am Strand auf und ab ziehenden Verkäufer von Getränken, Sonnenöl, Sonnenbrillen, Sonnenschirmen, Spielzeug, Zeitschriften, kurz allem, was zu einem erlebnisreichen Strandbesuch gehören kann.

Zum spanischen Strand gehören die *chiringuitos*, Strandkneipen, häufig mit Terrassen für den Sommer, in denen typischerweise Fisch und Meeresfrüchte sowie kühle Getränke serviert werden.

| | |
|---|---|
| Hausboot | la embarcación habitable |
| Kanu | canoa, piragua |
| Motorboot | (lancha) motora |
| Regatta | regata |
| Rückholservice | servicio de recogida |
| Ruderboot | barca de remos |
| Schlauchboot | el bote neumático |
| Schlauchboot fahren | el bote neumático |
| Segelboot | barco de vela |
| Segeln | la navegación a vela |
| Segelschule | escuela de vela |
| Segeltörn | la excursión en velero |
| Surfbrett | tabla deslizadora/de surf |
| Surfen | practicar el surf |
| Surfschule | escuela de surf(ing) |
| Tretboot | barca de pedales |
| Wasserski | el esquí acuático |
| windsurfen | practicar el windsurf |

### TAUCHEN BUCEO

| | |
|---|---|
| Neoprenanzug | el traje isotérmico/de neopreno |
| Sauerstoffgerät | botella de oxígeno |
| schnorcheln | nadar con tubo de buceo |
| Schwimmflossen | las aletas (de natación) |
| tauchen | bucear |
| Taucherausrüstung | equipo de buceo |
| Taucherbrille | las gafas de buceo |
| Tauchschule | escuela de buceo |

### ANGELN PESCA

| | |
|---|---|
| Wo kann man hier angeln? | ¿Dónde se puede pescar a caña? |
| Angel | caña de pescar |
| angeln | pescar con caña |
| Angelschein | licencia de pesca |
| Hochseefischen | pesca marítima/de altura |
| Köder | el cebo |
| Schonzeiten | veda |

### BALLSPIELE JUEGOS DE PELOTA

| | |
|---|---|
| Ball | pelota, (großer Ball) el balón |
| Basketball | baloncesto |
| Fußball | el fútbol |
| Fußballmannschaft | equipo de fútbol |
| Fußballplatz | campo (Am cancha) de fútbol |

# VOLLES PROGRAMM

| | |
|---|---|
| Fußballspiel | partido de fútbol |
| Netz | la red |
| Tor | portería |
| Torwart/Torfrau | portero/portera |
| Volleyball | el balón-volea |

## TENNIS UND ÄHNLICHES TENIS ETC.

| | |
|---|---|
| Badminton | el bádminton |
| Doppel | el doble |
| Einzel | el (partido) individual |
| Squash | el squash |
| Tennis | el tenis |
| Tennisschläger | raqueta (de tenis) |
| Tennishalle | pista de tenis cubierta |
| Tennisplatz | pista de tenis |
| Tischtennis | el ping-pong, el tenis de mesa |

## FITNESS- UND KRAFTTRAINING EJERCICIO FÍSICO Y DE FUERZA

| | |
|---|---|
| Aerobic | el aerobic |
| Fitnesscenter | gimnasio |
| joggen | correr |
| Konditionstraining | la preparación física |
| Krafttraining | ejercicio de fuerza |
| Yoga | el yoga |

## WELLNESS WELLNESS

| | |
|---|---|
| Dampfbad | baño de vapor |
| Massage | el masaje |
| Sauna | sauna |
| Solarium | solario |

## RADFAHREN MONTAR EN BICICLETA

| | |
|---|---|
| Fahrrad | bicicleta |
| Fahrradhelm | casco de bicicleta |
| Fahrradweg | pista para bicicletas |
| Flickzeug | los parches y el pegamento |
| Luftpumpe | bomba de aire |
| Mountainbike | bicicleta de montaña, el mountain bike |
| Rad fahren | montar (Am andar) en bicicleta |
| Radtour | la excursión en bici(cleta) |
| Rennrad | bicicleta de carreras |
| Schlauch | neumático |

### WANDERN UND BERGSTEIGEN SENDERISMO Y MONTAÑISMO

| | |
|---|---|
| **Ich möchte eine Bergtour machen.** | Quisiera hacer una excursión por las montañas. |
| **Können Sie mir eine interessante Route auf der Karte zeigen?** | ¿Puede usted indicarme en el mapa un itinerario interesante? |

| | |
|---|---|
| **Bergführer** | el/la guía de montaña |
| **Fernwanderweg/Jakobsweg** | sendero europeo/Camino de Santiago |
| **Route** | ruta |
| **Seilbahn** | el funicular, teleférico |
| **Sicherungsseil** | soga de seguridad |
| **Tagestour** | la excursión de un día |
| **Wanderkarte** | el mapa |
| **Wanderweg** | sendero |

### REITEN MONTAR A CABALLO

| | |
|---|---|
| **Ausritt** | paseo a caballo |
| **Pferd** | caballo |
| **reiten** | montar a caballo |
| **Reiterferien** | las vacaciones a caballo |
| **Reitschule** | escuela de equitación |

### GOLF GOLF

| | |
|---|---|
| **18-Loch-Platz** | campo de 18 hoyos |
| **Abschlag** | punto de salida |
| **Golfschläger** | raqueta de golf |
| **Parcours** | campo de golf |
| **Tagesbesucher/in** | el/la visitante |

### IN DER LUFT AL AIRE LIBRE

| | |
|---|---|
| **Drachenfliegen** | vuelo libre, ala delta |
| **Fallschirmspringen** | paracaidismo |
| **Gleitschirm** | el casquete de parapente |
| **Paragliding** | el parapente |
| **Segelfliegen** | volar a vela |

### WINTERURLAUB VACACIONES DE INVIERNO

| | |
|---|---|
| **Eine Tageskarte, bitte.** | Un forfait, por favor. |
| **Um wie viel Uhr ist die letzte Bergfahrt/Talfahrt?** | ¿A qué hora es la última subida/bajada? |

| | |
|---|---|
| **Eisbahn** | pista de hielo |
| **Eishockey** | el hockey sobre hielo |

**> www.marcopolo.de/spanisch**

# VOLLES PROGRAMM

| | |
|---|---|
| Langlauf | el esquí de fondo |
| Schlitten | trineo |
| Sessellift | el telesquí |
| Schlittschuhe | los patines de hielo |
| Schlittschuh laufen | patinar sobre hielo |
| Ski | el esquí |
| Ski laufen | esquiar |
| Skibindung | la fijación (de los esquís) |
| Skibrille | las gafas de esquí |
| Skikurs | curso de esquí |
| Skistöcke | los bastones de esquí |
| Snowboard | el snowboard |
| Snowbike | el snowbike |
| Snowrafting | el snowrafting |
| Tagespass | el forfait (Am boleto) válido para un día |
| Wochenpass | abono semanal |

## ■ KURSE | CURSOS

| | |
|---|---|
| Ich interessiere mich für ... | Me interesa hacer... |
| einen Spanischkurs | un curso de español |
| für Anfänger | para principiantes. |
| für Fortgeschrittene | de nivel avanzado. |
| Sind Vorkenntnisse erforderlich? | ¿Se necesitan conocimientos previos? |
| Bis wann muss man sich anmelden? | ¿Hasta cuándo dura el período de inscripción? |
| Sind die Materialkosten inklusive? | ¿Se incluyen los gastos de material? |
| Was ist mitzubringen? | ¿Qué se necesita traer? |
| | |
| Aktzeichnen | desnudo |
| Aquarellmalen | pintar con acuarela |
| Flamenco(-Tanz) | el (baile) flamenco |
| Fotografieren | fotografiar |
| Goldschmieden | labrar orfebrería |
| Holzwerkstatt | el taller de carpintería |
| Kochen | cocinar |
| Malen | pintar |
| Ölmalerei | pintura al óleo |
| Seidenmalerei | pintura sobre seda |
| Tanztheater | teatro bailado |
| Workshop | el taller |

# > AUF ALLES VORBEREITET

Beim Arzt, bei der Polizei oder auf der Bank: Wenn's knifflig wird oder schnell gehen soll, dann hilft Ihnen dieses praktische Kapitel in jedem (Not-)Fall.

# ARZT

## ■ AUSKUNFT | LA INFORMACIÓN ■■■■■■■■■■■■

| | |
|---|---|
| **Können Sie mir einen guten ...** | ¿Puede usted indicarme un buen … |
| **empfehlen?** | |
| **Arzt** | médico |
| **Augenarzt** | oculista |
| **Frauenarzt** | ginecólogo |

# VON
# A BIS Z

| | |
|---|---|
| **Hals-Nasen-Ohren-Arzt** | otorrinolaringólogo |
| **Hautarzt** | dermatólogo |
| **Kinderarzt** | puericultor, pediatra |
| **Zahnarzt** | dentista? |
| **Wo ist seine Praxis?** | ¿Dónde está la consulta (Am el consultorio)? |

 Apotheke: Seite 57, 60

| | |
|---|---|
| Was für Beschwerden haben Sie? | ¿Qué molestias siente? |
| Ich habe Fieber. | Tengo fiebre. |
| Mir ist oft schlecht. | Me siento mal con frecuencia. |
| Mir ist schwindelig. | Me mareo. |
| Ich bin ohnmächtig geworden. | Me he desmayado. |
| Ich bin stark erkältet. | Estoy muy resfriado/resfriada. |
| Ich habe Kopfschmerzen. | Tengo dolor de cabeza. |
| Ich habe Halsschmerzen. | Tengo dolor de garganta. |
| Ich habe Husten. | Tengo tos. |
| Ich bin gestochen/ gebissen worden. | Tengo una picadura/mordedura. |
| Ich habe Durchfall/ Verstopfung. | Tengo diarrea/estreñimiento. |
| Ich habe mich verletzt. | Me he hecho una herida. |
| Wo tut es weh? | ¿Dónde le duele? |
| Ich habe hier Schmerzen. | Me duele aquí. |
| Ich bin Diabetiker/in. | Soy diabético/diabética. |
| Ich bin schwanger. | Estoy embarazada. |
| Es ist nichts Ernstes. | No es nada grave. |
| Können Sie mir bitte etwas gegen ... geben? | ¿Podría usted darme algo contra …? |
| Normalerweise nehme ich ... | Normalmente tomo … |

| | |
|---|---|
| Ich habe (starke) Zahn- schmerzen. | Tengo (mucho) dolor de muelas. |
| Dieser Zahn (oben/ unten/ vorn/hinten) tut weh. | Me duele este diente (arriba/abajo/delante/atrás). |
| Ich habe eine Füllung verloren. | Se me ha perdido un empaste (Am una tapadura). |
| Mir ist ein Zahn abgebrochen. | Se me ha roto un diente. |
| Ich muss ihn plombieren. | Tengo que empastárselo. |
| Ich muss ihn ziehen. | Tengo que sacárselo. |
| Geben Sie mir bitte eine/ keine Spritze. | Póngame/No me ponga una inyección. |

## ■ IM KRANKENHAUS | EN EL HOSPITAL ■

| | |
|---|---|
| Wie lange muss ich hier bleiben? | ¿Cuánto tiempo tendré que quedarme aquí? |
| Wann darf ich aufstehen? | ¿Cuándo podré levantarme? |

| | |
|---|---|
| Abszess | absceso |
| Aids | el sida |
| Allergie | alergia |
| ansteckend | contagioso |
| Arm | brazo |
| Asthma | el asma |
| Atembeschwerden | las dificultades de respiración |
| atmen | respirar |
| Auge | ojo |
| Ausschlag | la erupción cutánea |
| Bänderriss | rotura de ligamentos |
| Bauch | el vientre |
| Bein | pierna |
| bewusstlos | desmayado, desvanecido |
| Blähungen | flato |
| Blase | vejiga |
| Blinddarm | el apéndice |
| bluten | sangrar |
| Blut | la sangre |
| Blutdruck | la tensión (arterial) |

# WIE DIE EINHEIMISCHEN

**Insider Tipp**

## ▶ Erste Hilfe

Normalerweise geht man bei gesundheitlichen Problemen ins örtliche *ambulatorio*, dem (staatlichen) medizinischen Versorgungszentrum, in ein *centro médico* – ein privat geführtes Medizinzentrum – oder in die *urgencias*, die Notaufnahme der staatlichen Hospitale. In den staatlichen Einrichtungen muss man sich auf lange Wartezeiten gefasst machen.

Benötigt man einen Krankenwagen *(ambulancia)*, ruft man entweder den örtlichen Rettungsdienst oder man wählt die 112 – die landesweite Notrufnummer von Polizei, Feuerwehr und Krankenwagen.

| | |
|---|---|
| Blutvergiftung | la intoxicación de la sangre |
| Borreliose | la borreliosis |
| Bronchitis | la bronquitis |
| Bruch | (Leistenbruch) hernia; (Knochenbruch) fractura |
| Brust | pecho |
| Bypass | el bypass |
| Chirurg/in | cirujano/cirujana |
| Darm | intestino |
| Diabetes | la diabetes |
| Durchfall | diarrea |
| Eiter | el pus |
| Empfang | la recepción |
| Entzündung | la inflamación |
| erbrechen, sich | vomitar, devolver |
| erkälten, sich | resfriarse |
| Facharzt/Fachärztin | el/la especialista |
| Fehlgeburt | aborto (involuntano) |
| Fieber | la fiebre |
| Finger | dedo |
| Fuß | el pie |
| Gallenblase | la vesícula |
| gebrochen | roto |
| Gehirn | cerebro |
| Gehirnerschütterung | la conmoción cerebral |
| Gehirnschlag | apoplejía, hemorragia cerebral |
| Gelbsucht | ictericia |
| Gelenk | la articulación |
| Geschlechtskrankheit | la enfermedad venérea |
| Geschlechtsorgane | los órganos genitales |
| geschwollen | hinchado |
| Geschwür | úlcera |
| Grippe | la gripe |
| Hals | cuello; (Kehle) garganta |
| Halsschmerzen | el dolor de garganta |
| Hand | la mano |
| Haut | la piel |
| Herpes | el herpes |
| Herz | el corazón |
| Herzanfall | el ataque cardíaco |
| Herzbeschwerden | los trastornos cardíacos |
| Herzfehler | defecto cardíaco |
| Herzinfarkt | infarto cardíaco |
| Herzschrittmacher | el marcapasos |
| Hexenschuss | lumbago |

| | |
|---|---|
| Hirnhautentzündung | la meningitis |
| HIV-positiv | seropositivo |
| Hüfte | cadera |
| Husten | la tos |
| Impfung | vacuna |
| Infektion | la infección |
| Ischias | ciática |
| Kinderlähmung | la polio(mielitis) |
| Knie | rodilla |
| Knöchel | tobillo |
| Knochen | hueso |
| Knochenbruch | fractura |
| Kolik | cólico |
| Kopf | cabeza |
| Kopfschmerzen | el dolor de cabeza |
| Krampf | el calambre, espasmo |
| krank | enfermo |
| Krankenhaus | el hospital, clínica |
| Krankenschein | el volante del seguro |
| Krankenschwester/ Krankenpfleger | enfermera/enfermero |
| Krankheit | la enfermedad |
| Krebs | el cáncer |
| Kreislaufstörung | los trastornos de la circulación |
| Lähmung | la parálisis |
| Lebensmittelvergiftung | la intoxicación |
| Leber | hígado |
| Lippe | el labio |
| Loch (im Zahn) | agujero (en el diente) |
| Lunge | el pulmón |
| Magen | estómago |
| Magenschmerzen | el dolor de estómago |
| Mandeln | las amígdalas |
| Masern | el sarampión |
| Menstruation | la menstruación, el período |
| Migräne | jaqueca |
| Mittelohrentzündung | la otitis media |
| Mumps | las paperas |
| Mund | boca |
| Muskel | músculo |
| Narbe | la cicatriz |
| Narkose | anestesia |
| Nase | la nariz |
| Nerv | nervio |

| | |
|---|---|
| **nervös** | nervioso |
| **Nierenentzündung** | la nefritis |
| **Nierenstein** | cálculo renal |
| **Ohnmacht** | desmayo |
| **Ohr** | oreja |
| **Operation** | la operación |
| **Pilzinfektion** | la micosis, los hongos |
| **Plombe** | el empaste (Am la tapadura) |
| **Pocken** | viruela |
| **Praxis** | consulta |
| **Prellung** | la contusión |
| **Prothese** | la prótesis |
| **Puls** | pulso |
| **Quetschung** | la contusión, magulladura |
| **Rheuma** | el reúma |
| **Rippe** | costilla |
| **röntgen** | hacer una radiografía |
| **Röteln** | rubeola |
| **Rücken** | espalda |
| **Rückenschmerzen** | los dolores de espalda |
| **Salmonellen** | las salmonelas |
| **Schädel** | cráneo |
| **Scharlach** | escarlatina |
| **Schienbein** | tibia, espinilla |
| **Schlaflosigkeit** | insomnio |
| **Schlaganfall** | el ataque de apoplejía |
| **Schlüsselbein** | clavícula |
| **Schmerzen** | los dolores |
| **Schnittwunde** | la herida, el corte |
| **Schnupfen** | constipado (Am resfrío) |
| **Schulter** | hombro |
| **Schüttelfrost** | escalofríos |
| **Schwangerschaft** | embarazo |
| **Schwellung** | la hinchazón |
| **Schwindel** | mareo, vértigo |
| **schwitzen** | sudar |
| **Sonnenstich** | la insolación |
| **Speiseröhre** | esófago |
| **Sprechstunde** | consulta |
| **Spritze** | la inyección |
| **Stich** | picadura; pinchazo |
| **Stirnhöhlenentzündung** | la sinusitis |
| **Stuhlgang** | la deposición |
| **Tetanus** | tétano |

| | |
|---|---|
| Trommelfell | tímpano |
| Typhus | el tifus |
| Übelkeit | las náuseas |
| Ultraschalluntersuchung | reconocimiento con ultrasonido |
| Unterleib | el vientre, el abdomen |
| Untersuchung | el examen |
| Urin | orina |
| Verband | los vendajes |
| verbinden | vendar |
| Verbrennung | quemadura |
| Verdauung | la digestión |
| Verdauungsstörung | la indigestión |
| Vergiftung | el envenenamiento, la intoxicación |
| Verletzung | herida |
| verschreiben | recetar, prescribir |
| verstaucht | dislocado |
| Verstopfung | estreñimiento |
| Virus | el virus |
| Wartezimmer | sala de espera |
| wehtun | doler |
| Windpocken | varicela |
| Wunde | herida |
| Zahn | el diente |
| Zecke | garrapata |
| Zehe | el dedo del pie |
| Zerrung | la distensión |
| ziehen (Zahn) | sacar |
| Zunge | lengua |

# BANK/GELDWECHSEL

| | |
|---|---|
| Wo ist hier bitte eine Bank? | Por favor, ¿dónde hay por aquí un banco? |
| Ich möchte ... Schweizer Franken in Euro/Pesos wechseln. | Quisiera cambiar … francos suizos en euros/pesos. |
| Wie ist heute der Wechselkurs? | ¿Cómo está hoy el cambio? |
| Ich möchte diesen Reisescheck einlösen. | Quisiera cobrar este cheque de viaje. |
| Auf welchen Betrag kann ich ihn maximal ausstellen? | ¿Cuál es el importe máximo posible? |
| Ihre Scheckkarte, bitte. | Su tarjeta bancaria/del banco, por favor. |

| | |
|---|---|
| **Darf ich bitte Ihren Ausweis/ Pass sehen?** | ¿Puedo ver su carnet de identidad/pasaporte? |
| **Würden Sie bitte hier unterschreiben?** | ¿Quiere firmar aquí, por favor? |
| **Gehen Sie bitte zur Kasse.** | Vaya a la caja. |
| **Der Geldautomat akzeptiert meine Karte nicht.** | El cajero automático no acepta mi tarjeta. |
| **Der Geldautomat gibt meine Karte nicht mehr heraus.** | El cajero automático no me devuelve la tarjeta. |

| | |
|---|---|
| **auszahlen** | pagar |
| **Bank** | banco |
| **Betrag** | el importe, suma |
| **Chipkarte** | tarjeta con chip |
| **Euro** | euro |
| **Formular** | impreso, formulario |
| **Geheimzahl** | número secreto, la clave |
| **Geld** | dinero |
| **Geldautomat** | cajero automático |
| **Geldschein** | el billete (de banco) |
| **Geldwechsel** | cambio |
| **Kasse** | caja |
| **Kleingeld** | (las) monedas, dinero suelto |
| **Kreditkarte** | tarjeta de crédito |
| **Kurs** | (tipo de) cambio |
| **Münze** | moneda |
| **Reisescheck** | el cheque de viaje |
| **Schalter** | la ventanilla (Am boletería) |
| **Scheck** | el cheque |
| **Scheckkarte** | tarjeta bancaria/del banco |
| **umtauschen** | cambiar |
| **Unterschrift** | firma |
| **Währung** | moneda |
| **Wechselkurs** | tipo de cambio |
| **Wechselstube** | oficina/casa de cambio |

## FARBEN

 Zeigebilder: Seite 4

| | |
|---|---|
| beige | beige, beis |
| blau | azul |
| braun | marrón |
| einfarbig | de un solo color |
| farbig | de colores, multicolor |
| gelb | amarillo |
| goldfarben | dorado |
| grau | gris |
| grün | verde |
| lila | lila, malva |
| orange | naranja |
| rosa | rosa |
| rot | rojo |
| schwarz | negro |
| silberfarben | plateado |
| türkis | turquesa |
| violett | violeta |
| weiß | blanco |
| hellblau/hellgrün | azul claro/verde claro |
| dunkelblau/dunkelgrün | azul oscuro/verde oscuro |

## FOTOGRAFIEREN

Zeigebilder: Seite 59

| | |
|---|---|
| Darf ich Sie fotografieren? | ¿Puedo sacarle una foto? |
| Ist hier Fotografieren erlaubt? | ¿Se pueden hacer fotos? |
| Wären Sie wohl so freundlich, ein Foto von uns zu machen? | ¿Sería tan amable de hacernos una fotografía? |
| Drücken Sie bitte auf diesen Knopf. | Pulse este botón, por favor. |
| Das ist sehr freundlich. | Es muy amable. |

# FUNDBÜRO

| | |
|---|---|
| Wo ist das Fundbüro, bitte? | Por favor, ¿dónde está la oficina de objetos perdidos? |
| Ich habe ... verloren. | He perdido … |
| Ich habe meine Handtasche im Zug vergessen. | He olvidado mi bolso en el tren. |
| Würden Sie mich bitte benachrichtigen, wenn sie gefunden werden sollte? | ¿Sería tan amable de avisarme si lo encuentran? |
| Hier ist meine Hotelanschrift. | Aquí tiene la dirección de mi hotel. |

# INTERNETCAFÉ

| | |
|---|---|
| Wo gibt es in der Nähe ein Internetcafé? | ¿Dónde hay por aquí un cibercafé? |
| Wieviel kostet eine Stunde/ Viertelstunde? | ¿Cuánto cobran por una hora/un cuarto de hora? |
| Kann ich eine Seite ausdrucken? | ¿Puedo imprimir una página? |
| Bei mir klappt die Verbindung nicht. | No consigo conectarme (al servidor). |
| Ich habe Probleme mit dem Computer. | Tengo problemas con el ordenador. |
| Kann ich bei Ihnen Fotos von meiner Digitalkamera auf CD brennen? | ¿Puedo pasar mis fotos de la cámara a un CD? |
| Haben Sie auch ein Headset zum Telefonieren? | ¿Tiene (usted) unos cascos para hablar por teléfono? |

# KINDER UNTERWEGS

| | |
|---|---|
| Gibt es auch Kinderportionen? | ¿Tienen ustedes también platos especiales para niños? |
| Könnten Sie mir bitte das Fläschchen warm machen? | ¿Me podría calentar el biberón, por favor? |
| Haben Sie einen Wickelraum? | ¿Tiene algún cuarto para cambiar los pañales? |
| Bitte bringen Sie noch einen Kinderstuhl. | Por favor, traiga otra silla alta para niño(s). |

> *www.marcopolo.de/spanisch*

| | |
|---|---|
| Babybett | cuna |
| Babyfon | interfono de bebés |
| Babysitter | el/la canguro, el/la babysitter |
| Fläschchenwärmer | el calientabiberón |
| Kinderautositz | el asiento de seguridad para niños |
| Kinderbecken/Planschbecken | piscina infantil |
| Kinderbetreuung | la guardería infantil |
| Kinderermäßigung | la reducción para niños |
| Kindernahrung | el alimento para niños |
| Saugflasche | el biberón |
| Schnuller | el chupete |
| Schwimmflügel | los flotadores (de brazos), los manguitos |
| Schwimmring | el flotador |
| Spielplatz | el parque infantil |
| Spielsachen | los juguetes |
| Wickeltisch | la mesa para cambiar los pañales |
| Windeln | los pañales |

# POLIZEI

| | |
|---|---|
| Wo ist bitte das nächste Polizeirevier? | Por favor, ¿dónde está la comisaría de policía más cercana? |
| Ich möchte einen Diebstahl/Unfall anzeigen. | Quiero denunciar un robo/un accidente. |

# WIE DIE EINHEIMISCHEN

**Insider Tipp**

▶ **Dein Freund und Helfer**

In Spanien gibt es unterschiedliche Polizeieinheiten. Wer wofür zuständig ist, kann selbst für Spanienkenner verwirrend sein. Die örtliche Polizei (*Policía Local* oder *Policía Municipal*) ist meist blau/schwarz uniformiert und am schwarzweißen Karomuster zu erkennen. Sie nimmt Anzeigen bei Diebstahl oder Einbruch auf, greift bei Streitigkeiten unter Nachbarn und in Bars ein und ist für den Stadtverkehr zuständig. Die blau uniformierte *Policía Nacional* (Nationalpolizei) nimmt Anzeigen wegen Körperverletzung und Sachbeschädigung entgegen und ist zuständig für Probleme im Zusammenhang mit Dokumenten. Die grün uniformierte *Guardia Civil* ist für den Verkehr auf Überlandstraßen zuständig und führt Grenzkontrollen durch. Rufen Sie im Zweifelsfall die Polizei unter der zentralen Notrufnummer 112.

| | |
|---|---|
| Mir ist ... gestohlen worden. | Me han robado … |
| die Handtasche | el bolso. |
| der Geldbeutel | el monedero |
| mein Fotoapparat | mi cámara fotográfica. |
| mein Auto | mi coche. |
| mein Fahrrad | mi bicicleta. |
| Mein Auto ist aufgebrochen worden. | Me han forzado la puerta del coche. |
| Aus meinem Auto ist ... gestohlen worden. | Me han robado del coche … |
| Ich habe ... verloren. | He perdido … |
| Mein Sohn/Meine Tochter ist verschwunden. | Ha desaparecido mi hijo/mi hija. |
| Können Sie mir bitte helfen? | ¿Puede usted ayudarme, por favor? |

| | |
|---|---|
| anzeigen | denunciar |
| aufbrechen | forzar, violentar |
| Autoradio | la autoradio/radio del coche |
| Autoschlüssel | las llaves del coche |
| belästigen | molestar, importunar |
| beschlagnahmen | confiscar |
| Brieftasche | cartera |
| Dieb | el ladrón |
| Diebstahl | robo |
| Gefängnis | la cárcel |
| Geld | dinero |
| Geldbeutel | monedero |
| Gericht | el tribunal |
| Papiere | los documentos |
| Personalausweis | el carnet de identidad |
| Polizei | policía |
| Polizist/in | el/la policía |
| Rauschgift | las drogas |
| Rechtsanwalt/anwältin | abogado/abogada |
| Reisepass | el pasaporte |
| Richter/in | el juez/la juez(a) |
| Scheck | el cheque |
| Scheckkarte | tarjeta bancaria/del banco |
| Taschendieb/in | ratero/ratera, el ladrón/la ladróna |
| Überfall | la agresión; el asalto (a un banco) |
| Verbrechen | el crimen |
| Vergewaltigung | la violación |
| verhaften | arrestar |
| zusammenschlagen | golpear, pegar |

## POST

| | |
|---|---|
| Wo ist ... | ¿Dónde está … |
| das nächste Postamt? | la oficina de correos más cercana? |
| der nächste Briefkasten? | el buzón más cercano? |
| Was kostet ... | ¿Cuánto cuesta … |
| ein Brief ... | una carta … |
| eine Postkarte ... | una postal … |
| ... nach Deutschland? | … para Alemania? |
| ... nach Österreich? | … para Austria? |
| ... in die Schweiz? | … para Suiza? |
| Diesen Brief bitte per ... | Quisiera enviar esta carta … |
| Luftpost. | por correo aéreo. |
| Express. | urgente. |
| | |
| Absender | el/la remitente |
| Adresse | la dirección |
| aufgeben | enviar, expedir |
| ausfüllen | rellenar |
| Brief | carta |
| Briefkasten | el buzón |
| Briefmarke | sello (Am estampilla) |
| Briefumschlag | el sobre |
| Eilbrief | carta urgente, expreso |
| Empfänger/in | destinatario/destinataria |
| Formular | franquear |
| frankieren | franquear |
| Gebühr | tarifa |
| Gewicht | peso |
| Luftpost, mit | por correo aéreo |
| Paket | el paquete |
| Porto | franqueo |
| Postamt | oficina de correos |
| Postkarte | la postal |
| Postleitzahl | código postal |
| Schalter | la ventanilla (Am boletería) |
| Sondermarke | sello de coleccionista |

# TELEFONIEREN

| | |
|---|---|
| Ich möchte bitte eine Telefonkarte. | Quisiera una tarjeta telefónica, por favor. |
| Wie ist die Vorwahl von ...? | ¿Cuál es el prefijo de ...? |
| Bitte ein Ferngespräch nach ... | Una llamada a larga distancia con ..., por favor. |
| Ich möchte ein R-Gespräch anmelden. | Una llamada a cobro revertido, por favor. |
| Hier spricht ... | Soy ... Der Angerufene meldet sich meist mit: ¿Diga? |
| Hallo, mit wem spreche ich, bitte? | ¿Con quién hablo, por favor? |
| Kann ich bitte Herrn/ Frau ... sprechen? | ¿Puedo hablar con el señor/la señora...? |

| | |
|---|---|
| abnehmen | descolgar |
| Anruf | llamada telefónica |
| anrufen | llamar por teléfono, telefonear |
| Auskunft | Información |
| Auslandsgespräch | llamada internacional |
| besetzt | ocupado, comunicando |
| Ferngespräch | llamada de larga distancia; (national) llamada interurbana |
| Gebühr | tarifa |
| Handy | teléfono móvil (Am cedular); el móvil |
| Ortsgespräch | llamada urbana |
| R-Gespräch | llamada a cobro revertido |
| Telefon | teléfono |
| Telefonbuch | guía telefónica |
| telefonieren | telefonear |
| Telefonkarte | tarjeta telefónica |

# WIE DIE EINHEIMISCHEN

Insider Tipp

>> ¿Diga?

Heißt wörtlich „Wer spricht?"
Am günstigsten sind spezielle Telefonbüros. Ansonsten wird mit Münzen oder Telefonkarten, in Kiosken erhältlich, von öffentlichen Telefonzellen telefoniert. Telefonieren von Bars und Restaurants ist teurer.

> *www.marcopolo.de/spanisch*

| | |
|---|---|
| Telefonnummer | número de teléfono |
| Vorwahlnummer | prefijo |
| wählen | marcar (el número) |

## ■ HANDY | (TELÉFONO) MÓVIL

| | |
|---|---|
| Bitte eine SIM-Karte. | Quisiera una tarjeta SIM, por favor. |
| Bitte eine internationale Telefonkarte. | Quisiera una tarjeta telefónica de prepago internacional, por favor. |
| Wie viele Minuten kann ich mit einer Karte für ... Euro sprechen? | ¿Cuánto dura la tarjeta de … euros? |
| Für welches Gebiet gilt diese SIM-Karte? | ¿Cuál es el área de cobertura de esta tarjeta SIM? |
| Geben Sie mir bitte eine Tarifübersicht. | ¿Me podría dar un informe de las tarifas? |
| Haben Sie Guthabenkarten der Mobilfunkgesellschaft...? | ¿Venden tarjetas de prepago de …? |

# TOILETTE UND BAD

| | |
|---|---|
| Wo ist bitte die Toilette? | ¿Dónde está el baño, por favor? |
| Dürfte ich wohl bei Ihnen die Toilette benutzen? | ¿Puedo usar el baño? |
| Würden Sie mir bitte den Schlüssel für die Toiletten geben? | ¿Me da la llave del baño, por favor? |
| Die Toilette ist verstopft. | El baño está atascado (Am tapado). |

| | |
|---|---|
| Damen | Señoras |
| Damenbinden | las compresas |
| Handtuch | toalla |
| Handwaschbecken | lavabo |
| Herren | Caballeros, Hombres |
| sauber | limpio |
| schmutzig | sucio |
| Seife | el jabón |
| Tampons | los tampones |
| Toilettenpapier | el papel higiénico |
| Wasserspülung | cisterna |

# IMPRESSUM

Titelbild: mauritius images: imagebroker
Fotos: Denis Pernath (S. 6/7, 10/11, 20/21, 54/55, 78/79, 90/91); Guenter Standl/laif (S. 36/37); Cortina Hotel, München (S. 68/69)
Illustrationen: Mascha Greune, München
Zeigebilder/Fotos: Lazi&Lazi; Food Collection; Comstock; stockbyte; Fisch-Informationszentrum e.V.; Fotolia/Christian Jung; Fotolia/ExQuisine; photos.com
Bildredaktion: Factor Product, München (S. 6/7, 10/11, 20/21, 36/37, 54/55, 68/69, 78/79, 90/91); red.sign, Stuttgart (S. 41–45)
Zeigebilder/Illustrationen: Factor Product, München; HGV Hanseatische Gesellschaft für Verlagsservice, München (S. 44/45, 56, 58/59, 62, 66, 73, 75)

1. Auflage 2009
© MAIRDUMONT GmbH & Co. KG, Ostfildern
© auf der Basis PONS Reisewörterbuch Spanisch
© PONS GmbH, Stuttgart

Chefredaktion: Michaela Lienemann, MAIRDUMONT
Konzept und Projektleitung: Carolin Hauber, MAIRDUMONT

Bearbeitet von: Sonia Aliaga López, Wiesloch
Redaktion: PONS GmbH, Stuttgart; MAIRDUMONT, Ostfildern; Barbara Pflüger, Stuttgart
Mitarbeit an diesem Werk: Jens Bey, MAIRDUMONT; Eva-Maria Hönemann, MAIRDUMONT
Satz: Fotosatz Kaufmann, Stuttgart

Kapitel Achtung! Slang:
Redaktion: MAIRDUMONT, Ostfildern; Bintang Buchservice GmbH, Berlin
Autoren: Carlos Ródenas Vidiella; Carlos Romero-Garcia, Berlin

Titelgestaltung: Factor Product, München
Innengestaltung: Zum goldenen Hirschen, Hamburg; red.sign, Stuttgart

# WÖRTERBUCH

## ABKÜRZUNGEN

| | | | |
|---|---|---|---|
| adj | Adjektiv | n | Neutrum |
| adv | Adverb | pers prn | Personalpronomen |
| jg | jemand | pl | Plural |
| Am | lateinamerikanisch | poss prn | Possessivpronomen |
| conj | Konjunktion | prp | Präposition |
| el | Elektrotechnik, Elektrizität | sing | Singular |
| f | Femininum | tele | Telefon, Telegraf |
| m | Maskulinum | v | Verb |

# DIE 1333 WICHTIGSTEN WÖRTER

Die hinter der spanischen Übersetzung aufgeführten Zahlen verweisen auf die entsprechenden Seiten der themenbezogenen Kapitel.

## A

**ab** de, desde

**abbestellen** (Zimmer) cancelar; (Fahr-, Flugkarten) anular

**Abend** la tarde; (nach Einbruch der Dunkelheit) la noche

**aber** pero

**Abfahrt** salida, partida ➤31, 34

**Abflug** el despegue ➤29

**ablaufen** (Zeit) pasar, transcurrir

**ablehnen** rechazar, rehusar

**Abreise** salida, partida ➤71

**abreisen** (nach) salir/partir (para)

**Abschied** despedida ➤12

**abschleppen** remolcar ➤24 f.

**Absender** el/la remitente ➤103

**abwärts** hacia abajo

**Achtung** la atención, cuidado

**Adresse** las señas, la dirección ➤103

**Aktivurlaub** vacaciones activas ➤85 ff.

**Algen** las algas

**alle** todos

**allein** solo

**alles** todo

**als** (zeitlich) cuando; (bei Vergleich) que

**als ob** como si

**also** así; entonces

**alt** viejo; (aus früheren Zeiten) antiguo

**Alter** la edad ➤14

**Amt** oficina

**an** a, en

**anbieten** ofrecer

**Andalusien** Andalucía

**Andalusier, andalusisch** andaluz

**andere, der ~** el otro

**anderer, ein ~** otro

**ändern** cambiar, variar

**anders** (adj) distinto, diferente; (adv) de otra manera/forma

**Anfang** principio, comienzo

**Angst** miedo

**anhalten** parar

**ankommen** llegar ➤32

**Ankunft** llegada ➤30

**Anmeldung** la recepción

**Anreisetag** el día de llegada

**Anruf** llamada telefónica ➤104

**anrufen** llamar por teléfono, telefonear

**Anschluss** el empalme ➤30, 32

**Anschrift** la dirección, las señas

**anstatt** en vez de, en lugar de

**anstrengend** fatigoso

**antworten** responder, contestar

**Apotheke** farmacia ➤57, 60

**Appetit** apetito

**arbeiten** trabajar

**ärgern, s. ~** (über) enfadarse (por)

**arm** pobre

**Art** modo, manera

**Arzt** médico ➤90 ff.

**Asturien** Asturias
**Atlantik** Atlántico
**auch** también
**auch nicht** tampoco
**auf** sobre, en, por; (offen) abierto
**aufbrechen** forzar, violentar >102
**Aufenthalt** estancia, (Am) estadía; (Zug) parada >32
**aufgeben** (Gepäck) facturar >31; (Post) enviar >103
**aufhören** acabar, terminar
**aufpassen (auf)** tener cuidado (de/con)
**aufstehen** levantarse
**Augenblick** momento
**aus** (Herkunft) de; (Material) de; (Grund) por
**Ausfahrt** (Autobahn~) salida (de autopista)
**Ausflug** la excursión >81
**Ausgang** salida
**Auskunft** la información >8 f., 20 f., 23, 29 f., 31, 33 f.
**Auskunftstelle** oficina de información
**Ausländer** extranjero
**außen** fuera
**außer** excepto
**außerdem** además, aparte de eso
**Aussicht** vista >81
**aussprechen** pronunciar
**aussteigen** bajar >32, 34
**Ausweis** (Personal~) tarjeta/el carnet de identidad
**Auto** el coche, el automóvil >23 ff.
**Auto fahren** conducir, (Am) manejar
**Autopapiere** la documentación de coche

## B

**Baby** el bebé >100 f.
**Badeort** la estación balnearia
**Bahnhof** la estación >31 f.
**bald** pronto
**Balearen** las (Islas) Baleares
**Ball** pelota; (Fest) el baile
**Band, das** ~ cinta; **der** ~ tomo
**Bank** banco >97 f.
**Bar** el bar >39, 82
**Bargeld** dinero efectivo, moneda contante
**bar zahlen** pagar al contado
**Baske, Baskin** vasco, vasca
**Baskenland** las Vascongadas

**Baskisch** (Sprache) vasco, vascuence
**Baum** el árbol
**beachten** observar, tener en cuenta
**Beanstandung** la reclamación >38, 70
**beantworten** contestar
**bedeuten** significar
**Bedienung** servicio
**beenden** terminar
**befinden, s. ~** encontrarse
**befreundet sein (mit)** ser amigo (de)
**befürchten** temer
**begegnen** encontrar
**beginnen** comenzar
**begleiten** acompañar
**begrüßen** saludar >10, 13
**behalten** guardar, conservar
**behindertengerecht** adecuado para minusválidos
**Behindertentoilette** lavabo para minusválidos
**Behörde** la autoridad pública
**bei** (nahe) junto a, cerca de
**beide** ambos, los dos
**Beileid** el pésame
**Beispiel** ejemplo
**beißen** morder
**beklagen, s. ~ (über)** quejarse (de)
**belästigen** molestar, fastidiar >102
**beleidigen** ofender
**Belgien** Bélgica
**Belgier/in** el/la belga
**benachrichtigen** avisar, informar
**benötigen** necesitar
**benutzen** usar, emplear; (Verkehrsmittel) tomar
**Benzin** gasolina, (Arg) nafta >23 ff.
**Berg** montaña
**Beruf** la profesión
**beruhigen, s. ~** calmarse, tranquilizarse
**beschädigen** estropear, deteriorar
**bescheinigen** certificar
**beschlagnahmen** confiscar
**beschließen** resolver, decidirse
**beschweren, s. ~ (über)** quejarse (de)
**besetzt** (Platz) ocupado; (voll) completo
**besichtigen** visitar
**Besichtigung** visita >78 ff.
**besitzen** poseer
**Besitzer** propietario

> *www.marcopolo.de/spanisch*

# WÖRTERBUCH

**besorgen** procurar, proporcionar
**bestätigen** confirmar
**Besteck** los cubiertos
**Bestellung** pedido ➤ 38 f.
**bestimmt** adj determinado, cierto; adv seguro
**besuchen, jdn ~** visitar a alg, ir a ver a alg
**Betrag** el importe, suma ➤ 97 f.
**betreten** entrar en
**betrinken, s. ~** emborracharse
**betrügen** engañar
**betrunken** borracho, (Am) apimpado; (leicht) alegre, bebido, (Am) alegrón
**Bett** cama
**Bewohner** el habitante
**bewusstlos** desmayado, desvanecido ➤ 92 f.
**bezahlen** pagar
**Biene** abeja
**Bild** pintura, cuadro
**billig** barato
**bis** hasta
**bisschen, ein ~** un poco
**bitte** por favor; (nach Dank) de nada, no hay de qué ➤ 12
**Bitte** el favor, ruego ➤ 12
**bitten, jdn um etw ~** pedir algo a alg
**blau** azul
**bleiben** quedarse
**Blitz** relámpago; (Foto) el flash
**Blume** la flor
**Blut** la sangre ➤ 93
**Boden** suelo; (Fuß~) piso
**Boot** barca, el bote, lancha ➤ 85 f.
**böse** malo; (verärgert) enfadado
**Botschaft** (dipl. Vertretung) embajada
**Brand** incendio, fuego
**brauchen** necesitar
**brechen** romper
**breit** ancho
**Bremse** freno ➤ 24 f.
**brennen** arder
**Brief** carta ➤ 103
**Brieftasche** cartera ➤ 102
**Brille** las gafas, (Am) los lentes ➤ 61
**bringen** (her~) traer; (weg~) llevar
**Brot** el pan ➤ 43, 46, 63
**Bruder** hermano
**Buch** libro
**buchstabieren** deletrear
**Bucht** bahía, golfo

**Buchung** reserva ➤ 6 ff., 29 f., 69
**Büro** oficina
**Bus** el autobús ➤ 34
**Busch** mata; (Urwald) selva; (Gestrüpp) el matorral

## C

**Café** el café
**Camping** cámping ➤ 9, 76 f.
**Chef** el jefe
**Chilene, chilenisch** chileno
**Club/Diskothek** el club/discoteca ➤ 82
**Computer** el ordenador ➤ 59, 100
**Computerhandlung** tienda de informática ➤ 56, 59
**Costaricaner, costaricanisch** costarricense
**Cousin/e** el primo/la prima

## D

**da** ahí, (Ort) allí, allá; (Grund) como, ya que, porque; (Zeit: als) cuando; (dann) entonces
**dafür, ~ sein** estar en favor de
**dagegen, ~ sein** estar en contra de
**daheim** en casa
**daher** por eso/esto/ello
**damals** entonces
**Dame** señora
**danach** después, luego
**Dank** gracias; (Dankbarkeit) agradecimiento ➤ 12
**danken** dar las gracias, agradecer ➤ 12
**dann** (anschließend) entonces; (nachher) después; (in dem Falle) entonces, en ese caso
**da sein** (anwesend) estar presente
**dasselbe** lo mismo
**Datum** fecha ➤ 17
**Dauer** la duración
**dauern** durar
**Decke** (Bett~) manta; (Zimmer~) techo
**defekt** averiado ➤ 24 f.
**dein** tu
**denken an** pensar en
**denn** porque, pues
**deshalb** por esto/eso/ello
**Deutsche, der, die** el alemán, la alemana
**Deutschland** Alemania
**dich** te, a ti

**dick** gordo; (geschwollen) hinchado
**Diebstahl** robo >101 f.
**diese(r, -s)** esta, este, esto
**Ding** cosa
**dir** te, a ti; **mit dir** contigo
**Direktor** el director
**Diskothek** discoteca >82
**doch** (Bejahung) sí, (Am) ¿cómo no?; (aber) pero, sin embargo
**Doktor** el doctor, médico
**doppelt** doble
**Dorf** aldea, pueblo
**draußen** fuera, afuera
**drin, drinnen** dentro
**dringend** urgente
**Drogerie** droguería >56, 58
**du** tú
**dumm** tonto, estúpido, bobo, (Am) zonzo
**dunkel** oscuro
**dünn** delgado
**durch** por; (Mittel) por, mediante; (Passiv) por; (quer ~) a través de
**Durchgang** paso, pasaje
**Durchreise, auf der ~** de paso
**Durchreisevisum** visado de tránsito
**durchschnittlich** (adj) medio, mediano; (adv) por término medio
**dürfen** poder
**durstig sein** tener sed

■■ **E** ■■■■■■■■■■■■■■■■

**eben** (flach) llano; (zeitlich) hace un momento, ahora mismo
**Ebene** llanura
**echt** verdadero, auténtico
**Ecke** (außen) esquina; (innen) el rincón
**Ecuadorianer, ecuadorianisch** ecuatoriano
**Ehefrau** esposa, la mujer
**Ehemann** esposo, marido
**Ehepaar** matrimonio, pareja
**Ei** huevo
**Eigenschaft** la cualidad
**Eigentümer** propietario
**eilig** de prisa
**ein(e)** un/uno, una
**Einfuhr** la importación >22
**Eingang** entrada
**einige** algunos, unos

**einigen, s. ~** ponerse de acuerdo
**einkaufen** comprar, ir de compras >54 ff.
**einladen** invitar
**einmal** una vez
**einreisen** entrar (en el país)
**eins** uno
**einsam** solitario, solo
**eintreten** entrar
**Eintrittskarte** entrada, el billete >83
**Einwohner** el habitante
**Eisenbahn** el ferrocarril, el tren f.
**Elektrohandlung** (tienda de) artículos eléctricos >56, 59
**Eltern** los padres
**E-Mail-Adresse** correo electrónico >8
**Empfang** la recepción
**Empfänger** destinatario >103
**empfehlen** recomendar
**enden** terminar, acabar
**endgültig** (adj) definitivo; (adv) definitiva-mente
**endlich** finalmente, por fin
**England** Inglaterra
**Engländer/in** el inglés/la inglesa
**englisch** inglés
**Enkel/in** el nieto/la nieta
**entdecken** descubrir
**entfernt** distante, alejado
**entgegengesetzt** opuesto, contrario
**entlang** a lo largo de
**entscheiden** decidir
**entschließen, s. ~** decidirse
**Entschluss** la decisión, la resolución
**entschuldigen, s. ~** disculparse, pedir perdón >12
**Entschuldigung** excusa, el perdón; ~! ¡Perdón! >12
**enttäuscht** desilusionado
**entweder ... oder** o ... o
**entwickeln** desarrollar; (Foto) revelar
**er** él
**Erde** tierra
**Erdgeschoss** piso bajo, (Am) los bajos
**ereignen, s. ~** pasar, suceder, ocurrir
**Ereignis** suceso, acontecimiento
**erfahren** oír, saber, enterarse de; (adj) ex-perto
**erfreut (über)** contento (de), satisfecho (de)
**Ergebnis** resultado

**erhalten** recibir; (durch Bemühung) conseguir, obtener

**erhältlich** obtenible, en venta

**erholen, s. ~** reponerse, descansar

**e~innern, jdn an etw ~** recordar algo a alg; **s ~** acordarse de, recordar

**e~kennen** reconocer

**e~klären** declarar; (deutlich machen) explicar, aclarar

**e~kundigen, s. ~** informarse

**erlauben** permitir

**Erlaubnis** permiso

**erledigen** arreglar, terminar

**Ermäßigung** rebaja, descuento ➤ 31 f.

**ernst** serio; grave

**erreichen** conseguir, lograr, alcanzar

**Ersatz** (Schaden~) la indemnización; (Produkt) repuesto

**erschöpft** agotado

**erschrecken** asustar; (erschrocken sein) estar asustado

**ersetzen** sustituir; (Schaden) reparar, indemnizar

**erst** (zuerst) primero, en primer lugar; (nicht früher als) sólo, (Am) recién

**Erwachsene(r)** adulta, adulto

**erzählen** contar

**Erziehung** la educación

**es gibt** hay

**Esel** burro, asno

**essbar** comestible

**Essen** comida ➤ 41 ff., 63 f.

**etwa** aproximadamente, unos/unas

**etwas** algo; (ein wenig) un poco

**euch** os

**euer** vuestro

**Euro** euro ➤ 97 f.

**Europa** Europa

**Europäer/in** europeo/europea

**Fabrik** fábrica

**fahren** ir; (lenken) conducir, (Am) manejar

**Fahrkarte** el billete (Am boleto) ➤ 32, 34

**Fahrplan** horario ➤ 32, 34

**Fahrrad** bicicleta ➤ 23 ff., 87

**Fahrstuhl** el ascensor

**Fahrt** el viaje

**fallen** caer

**falsch** falso, incorrecto; (betrügerisch) falso

**Familie** familia

**Familienname** el apellido ➤ 22

**Farbe** el color ➤ 99

**faul** perezoso, holgazán; (Obst) podrido

**fehlen** faltar

**Fehler** defecto

**Feiertag** el día de fiesta ➤ 18

**Feld** campo

**Fels** roca, peña

**Ferien** las vacaciones

**Ferienhaus** casa de vacaciones ➤ 9, 74 f.

**Ferngespräch** llamada interurbana/de larga distancia ➤ 104

**fertig** listo

**fest** firme, fijo; (hart) duro; (dauernd) resistente

**Festland** tierra firme

**Fett** graso, gordo

**feucht** húmedo

**Feuer** fuego

**Feuerlöscher** el extintor

**Feuermelder** el avisador de incendios

**Feuerwehr** los bomberos

**Film** película; el film(e)

**finden** encontrar

**Firma** empresa

**Fisch** el pez; (als Speise) el pescado ➤ 45, 47 f.

**Flasche** botella

**Fleisch** la carne ➤ 44, 48 f.

**Fliege** mosca

**fliegen** volar, ir en avión

**fließen** correr

**flirten** coquetear ➤ 15 f.

**Flug** vuelo ➤ 29 ff.

**Flugzeug** avión ➤ 29 ff.

**Fluss** río

**folgen** seguir

**fordern** pedir, exigir

**Formular** impreso, formulario ➤ 98

**fort** fuera, ausente

**fortsetzen** continuar

**Foto** la foto(grafía)

**Fotoartikel** los artículos fotográficos ➤ 56, 59

**fotografieren** hacer/sacar fotos, fotografiar ➤ 99

**Frage** pregunta; (Problem) la cuestión, el problema

**fragen** preguntar

**frankieren** franquear ➤ 103

**französisch** francés

**Frau** señora; (vor Vornamen) doña; (Ehe~) esposa, la mujer

**Fräulein** señorita

**frei** libre; (gratis) gratuito, gratis

**fremd** forastero; (ausländisch) extranjero; (unbekannt) desconocido

**Fremde, der, die ~** forastero, forastera; (Ausländer) extranjero

**Fremdenführer** el guía (turístico) ➤ 79 f.

**Freude** alegría

**freuen, s. ~ (auf/über)** alegrarse (de)

**Freund/in** el amigo/la amiga

**freundlich** amable

**Freundlichkeit** la amabilidad

**Friede** la paz

**frieren** tener/pasar frío

**frisch** fresco; (neu) nuevo, reciente; (Wäsche) limpio

**Friseur** (Damen~/Herren~) peluquería (de señoras/de caballeros) ➤ 56, 60 f.

**froh** (zufrieden) contento, satisfecho; (glücklich) feliz; (lustig) alegre, de buen humor

**früh** temprano

**Frühstück** desayuno ➤ 46, 70 f.

**fühlen** sentir

**Führer** (Person) el guía; (Buch) la guía

**Führerschein** permiso/el carnet de conducir

**Führung** visita guiada ➤ 79 f.

**Fundbüro** oficina de objetos perdidos ➤ 100

**funktionieren** funcionar

**für** para, por

**fürchten** temer

**fürchterlich** horrible, terrible, espantoso

## G

**Gabel** el tenedor

**Galicien** Galicia

**Galicier/in** gallego/gallega

**Galicisch** (Sprache) gallego

**Gang** (Auto) marcha; (Durchgang) el pasaje; (Essen) plato

**ganz** todo, toda; (pl) todos los, todas las; (vollständig) completo, entero; adv completamente, del todo

**Garage** el garaje

**Garantie** garantía

**Garten** el jardín

**Gast** el huésped

**Gastgeber/in** el anfitrión/la anfitriona

**Gasthaus/Gasthof** fonda, posada

**Gebäude** edificio

**geben** dar

**Gebet** la oración

**Gebirge** sierra, montaña

**geboren** nacido

**Gebühr** tarifa

**Geburt** nacimiento

**gebürtig aus** natural de

**Geburtsdatum** fecha de nacimiento ➤ 22

**Geburtsname** el nombre de soltera ➤ 22

**Geburtsort** el lugar de nacimiento ➤ 22

**Geburtstag** el cumpleaños ➤ 12

**Gedanke** pensamiento, idea

**gefährlich** peligroso

**Gefallen** el placer, gusto

**Gefängnis** la cárcel ➤ 102

**Gefühl** sentimiento

**gegen** contra; (in Richtung auf, zeitlich) hacia

**Gegend** la región, zona

**Gegenstand** objeto; (Gesprächs~) asunto, el tema

**Gegenteil** lo contrario; **im ~** al contrario

**geheim** secreto

**gehen** ir; (zu Fuß) ir a pie, andar

**gehören** pertenecer a, ser de

**Geistlicher** el sacerdote, el cura; (evangelisch) el pastor

**gelb** amarillo

**Geld** dinero ➤ 97 f.

**Geldautomat** cajero automático ➤ 98

**Geldbeutel** cartera (Am billetera)

**Geldstück** moneda

**Geldwechsel** cambio ➤ 97 f.

**Gelegenheit** la ocasión; (günstige ~) la oportunidad

**gemeinsam** (adj) común; (adv) en comun, juntos

**gemischt** mezclado

**Gemüse** las verduras ➤ 41, 49 f., 64; (Hülsenfrüchte) las legumbres

**genau** exacto, preciso

**genau so ... wie** lo mismo ... que

**genießen** gozar de, disfrutar de

**genug** bastante, suficiente

**geöffnet** abierto

**Gepäck** el equipaje > 29 ff.

**geradeaus** todo seguido/derecho

**Gericht** (Speise) plato, comida > 38, 40, 46 ff.; (Justiz) el tribunal > 102

**gern** con gusto, de buena gana

**Geruch** el olor

**Geschäft** (Laden) tienda; (Firma, Handel) negocio

**geschehen** suceder, pasar, ocurrir

**Geschenk** regalo

**Geschichte** historia; (Erzählung) cuento

**geschlossen** cerrado

**Geschmack** gusto, el sabor

**Geschwindigkeit** la velocidad

**Gesellschaft** la sociedad

**Gespräch** la conversación

**gesund** sano

**Gesundheit** la salud

**Getränk** bebida > 38, 54 f., 52 f., 64

**getrennt** separado

**Gewicht** peso

**gewinnen** ganar

**gewiss** (adj) cierto, seguro; (adv) ciertamente

**Gewitter** tormenta

**gibt, es ~** hay

**Gift** veneno

**giftig** venenoso

**Gipfel** la cumbre, cima

**Gitarre** guitarra

**Glas** (Scheibe) el cristal, vidrio; (Trink~) vaso, copa

**Glaube** la fe

**glauben** creer

**gleich** igual; (sofort) immediatamente, enseguida, (Am) ahorita

**Glück** la felicidad; (Erfolg) éxito

**glücklich** feliz, dichoso

**Glückwunsch** la felicitación, enhorabuena > 12 f.

**Gott** Dios

**Gottesdienst** culto; misa > 80

**Grab** tumba

**Grad** grado

**gratulieren** felicitar

**grau** gris

**Grenze** frontera, el límite > 22

**groß** grande; (Statur) alto; (bedeutend) importante, considerable

**Größe** (Umfang) tamaño; (Länge) la longitud; (Höhe) altura; (Kleider~) talla; (Schuh~, Hemd~, Hut~) número

**Großmutter** abuela

**Großvater** abuelo

**grün** verde

**Grund** la razón, causa; (Beweggrund) motivo

**Gruppe** grupo

**grüßen** saludar

**Guatemalteke, guatemaltekisch** guatemalteco

**gültig** válido > 22

**gut** (adj) bueno, buen; (adv) bien

## H

**Haar** pelo > 60 f.

**haben** (besitzen) tener; (Hilfsverb) haber

**Hafen** puerto > 33, 81

**halb** medio

**Halle** sala; (im Hotel) el hall

**hallo!** ¡hola!

**halt!** ¡alto!

**halten** cumplir, observar; (stehen bleiben) detener(se), parar(se); (dauern) durar; (fest~) sujetar

**Haltestelle** parada > 34

**Handy** teléfono móvil (Am cedular) > 105

**hart** duro

**hässlich** feo

**häufig** (adv) frecuentemente, a menudo

**Haus** casa

**Hausbesitzer/in** propietario/-a (de la casa) > 74

**hausgemacht** casero

**Haushaltswaren** los artículos domésticos

**heilig** santo, sagrado

**Heimat** patria

**heimlich** adj secreto, oculto; adv en secreto, a escondidas

**Heimreise** regreso (a casa)

**heiraten** casarse

**heiß** muy caliente

**heißen** llamarse

**heiter** sereno; (fröhlich) alegre, de buen humor

**Heizung** la calefacción > 71 f.

**helfen, jdm ~** ayudar a alg

**hell** claro

**herein!** ¡adelante!, ¡pase!

**hereinkommen** entrar
**Herkunft** lugar de origen > 14
**Herr** el señor; (vor Vornamen) don
**heute** hoy
**hier** aquí
**Hilfe** ayuda; **Erste ~** los primeros auxilios
**Himmel** cielo
**hinlegen** poner; **s. ~** echarse, acostarse
**hinsetzen, s. ~** sentarse
**hinter** detrás de
**Hobby** la afición, el hobby
**hoch** alto
**Hochzeit** (Feier) boda
**hoffen** esperar
**höflich** cortés
**Höhe** altura
**Holz** madera; (Brenn~) leña
**Honduraner, honduranisch** hondureño
**Honorar** los honorarios
**hören** oír
**Hotel** el hotel > 6 ff., 68 ff.
**hübsch** guapo, bonito, lindo
**Hügel** colina
**Hund** perro
**Hunger** el hambre
**hungrig** hambriento
**Hütte** cabaña, (Am) bohío

## I

**ich** yo
**Idee** idea
**ihr** (pers prn) vosotros, vosotras; (poss prn, f) su
**Imbiss** bocado; merienda
**Imbissstube** cafetería, el bar; (am Strand) chiringuito
**immer** siempre
**imstande sein** ser capaz de
**in** en
**inbegriffen** incluido
**informieren** informar
**Inhalt** contenido
**innen** dentro
**Innenstadt** centro (de la ciudad)
**innerhalb** (zeitlich) dentro de, en
**Insekt** insecto
**Insel** isla
**interessieren, s. ~ (für)** interesarse (por)

**international** internacional
**Internet** el internet
**Internetadresse** la dirección de internet > 8, 100
**irren, s. ~** equivocarse
**Irrtum** el error

## J

**Jahr** año
**Jahreszeit** la estación > 18
**jeder** cada, todos
**jedermann** todo el mundo
**jedesmal** cada vez, siempre
**jemand** alguien
**jetzt** ahora
**Jugendherberge** el albergue juvenil
**jung** joven
**Junge** muchacho, chico
**Junggeselle** soltero

## K

**Kabine** cabina, el camarote > 33
**Kaffee** el café > 46, 52
**Kakerlake** cucaracha
**kalt** frío
**Kanal** el canal
**Kanarische Inseln** las Islas Canarias
**Kantabrien** Cantabria
**Kapelle** (Gebäude) capilla > 80; (Musik~) banda, orquesta
**kaputt** estropeado, roto
**Käse** queso > 43, 51, 64
**Kasse** caja; (Theater~) taquilla > 83
**Kastagnetten** las castañuelas
**Kastilien** Castilla
**Kastilier, kastilisch** castellano
**Katalane, Katalanin** el catalán, la catalana
**Katalanisch** (el) catalán
**Katalonien** Cataluña
**Katze** gato
**Kauf** compra
**kaufen** comprar
**kaum** apenas
**Kaution** fianza, la caución
**kein** ninguno, ningún
**keine(r, -s)** nadie
**Kellner/in** camarero/camarera

> *www.marcopolo.de/spanisch*

**kennen** conocer
**kennen lernen, jdn ~** conocer a alguien ➤10 f.
**Keramik** cerámica
**Kind** niño
**Kino** el cine ➤82 f.
**Kirche** iglesia ➤80
**Kissen** el cojín; (Kopf~) almohada
**Kleidung** ropa, los vestidos ➤62 f.
**klein** pequeño; (Statur) bajo
**Kleingeld** (las) monedas, dinero suelto ➤98
**Klima** el clima ➤19
**Klingel** el timbre
**klingeln** tocar el timbre
**klug** inteligente, listo
**Kneipe** taberna ➤82
**knipsen** fotografiar ➤99
**kochen** hacer la comida; (Wasser) hervir, cocer; (Kaffee, Tee) hacer, preparar
**Koffer** maleta
**Kohle** el carbón
**Kolumbianer, kolumbianisch** colombiano
**Kolumbien** Colombia
**kommen** venir, ir
**Kompass** brújula
**Komplimente** cumplidos ➤13
**Kondom** preservativo, el condón
**Konfession** la religión, la confesión religiosa
**können** poder; (gelernt haben) saber
**Konsulat** consulado
**Kontakt** contacto
**kontrollieren** controlar
**Konzert** concierto ➤82 f.
**Körper** cuerpo ➤92 ff.
**kosten** costar, valer; (probieren) probar
**krank** enfermo ➤92 ff.
**Krankenhaus** el hospital, clínica ➤93
**Krankenwagen** ambulancia
**Kreditkarte** tarjeta de crédito ➤54, 71, 98
**Krieg** guerra
**kritisieren** criticar
**Kuba** Cuba
**Kubaner, kubanisch** cubano
**Küche** cocina
**kühl** fresco
**Kultur** cultura ➤78 ff.
**Kummer** pena; (Sorge) la preocupación
**kümmern, s. ~ um** preocuparse de
**Kurs** curso; (Wechsel~) cambio ➤97 f.

**Kurve** curva
**kurz** breve, corto
**kürzlich** hace poco (Am recién)
**Kuss** beso
**küssen** besar
**Küste** costa

## ■ L

**lachen** reír(se)
**Laden** tienda
**Lage** la situación
**Land** el país; (Gegensatz zu Wasser) tierra
**Landgut** finca rústica, (Am) finca rural
**Landhaus** casa de campo
**Landkarte** el mapa ➤67
**Landschaft** el paisaje ➤81
**lang** largo
**Länge** la longitud
**langsam** adj lento; adv despacio, lentamente
**langweilig** aburrido
**Lärm** ruido
**lassen** dejar
**lästig** pesado, molesto
**Lastwagen** el camión
**laufen** correr
**laut** alto
**Lautsprecher** el altavoz, (Am) el altoparlante
**Leben** vida
**leben** vivir
**Lebensmittel** los comestibles ➤41 ff., 63 ff.
**ledig** soltero ➤22
**leer** vacío
**legen** poner, colocar
**leicht** fácil; (Gewicht) ligero, (Am) liviano
**leider** desgraciadamente
**leihen** prestar; (sich ausleihen) pedir prestado ➤29, 76 f., 85
**leise** bajo, en voz baja
**Leiter, die** escalera
**Leiter/in** , el jefe/la jefa, el director/ la directora
**lesen** leer
**letzte(r, -s)** última, último
**Leute** la gente
**Licht** la luz
**lieb** bueno
**lieben** amar, querer
**liebenswürdig** amable

**lieber** (adv) más bien
**Lied** la canción
**liegen** estar, encontrarse; estar echado/acostado
**links** a la izquierda
**Loch** agujero; (Reifen) pinchazo
**Löffel** cuchara
**Lohn** sueldo, salario, paga
**Lokal** (Gaststätte) el restaurante ➤ 36 ff.; (Tanz~) sala de baile ➤ 82
**löschen** apagar
**Luft** el aire
**Lüge** mentira
**lustig** alegre; (erheiternd) divertido, gracioso

## ▉ M

**machen** hacer; (herstellen) fabricar; ~ **lassen** mandar hacer
**Mädchen** muchacha, chica
**Mahlzeit** comida
**Mal** la vez; **zweimal** dos veces
**man** se; uno
**manchmal** a veces
**Mangel** (Fehlen) falta; (Fehler) defecto
**Mann** hombre; (Ehe~) marido, esposo
**männlich** masculino
**Markt** mercado ➤ 56, 81
**Maschine** máquina
**Maße** las medidas
**Medikament** medicina, medicamento ➤ 57, 60, 92
**Meer** el mar
**mehr** más
**mein(e)** mi
**meinen** opinar
**Meinung** la opinión
**Mensch** persona, el hombre
**merken** observar, notar; **s. etw** ~ tomar nota de algo
**Messe** (Kirche) misa; (Ausstellung) feria
**Messer** cuchillo
**Mexikaner, mexikanisch** mexicano
**Mexiko** México
**mich** me, a mí
**Miete** el alquiler ➤ 6 ff., 29, 74
**mieten** alquilar
**Mietwagen** coche de alquiler ➤ 29
**mindestens** por lo menos, al menos

**minus** menos
**Minute** minuto
**mir** me, a mí
**misstrauen** desconfiar
**missverstehen** entender mal, interpretar mal
**mit** con
**mitbringen** traer, llevar
**mitnehmen** llevar(se); llevar consigo
**Mittag** el mediodía
**Mittagessen** comida, almuerzo ➤ 36 ff.
**mittags** a(l) mediodía
**Mitte** medio, centro
**mitteilen** comunicar
**Mittel** medio; (Heil~) remedio ➤ 57, 60
**Möbel** el mueble
**Mode** moda ➤ 62 f.
**modern** moderno
**mögen** (gern haben) gustar (+ Dativ); (wünschen) querer, desear
**möglich** posible
**Moment** momento, el instante
**Monat** el mes ➤ 17 f.
**Mond** luna
**Morgen** mañana
**morgens** por la mañana
**Motor** el motor ➤ 24, 26
**Motorrad** la moto(cicleta) ➤ 23 ff.
**Mücke** mosquito
**müde** cansado
**Mühe** esfuerzo
**Müll** basura
**Münze** moneda ➤ 97 f.
**Museum** museo ➤ 79 f.
**Musik** música
**müssen** tener que, deber
**Mutter** la madre

## ▉ N

**nach** después de
**Nachbar/in** vecino/-a
**nachher** después, luego
**nachmittags** por la tarde
**Nachricht** noticia, aviso
**Nachrichten** las noticias
**nachsehen** (prüfen) comprobar; (entschuldigen) disculpar
**nächste(-r, -s)** próxima, próximo
**Nacht** la noche

➤ *www.marcopolo.de/spanisch*

**Nachtclub** el club nocturno > 82
**nackt** desnudo
**nahe** cercano
**Nahverkehr** (tren) tráfico de cercanías > 34 f.
**Name** el nombre > 11
**nass** mojado, húmedo; (durchnässt) empapado
**Nation** la nación
**Natur** naturaleza
**natürlich** adj natural; adv naturalmente, (Am) ¡cómo no!
**neben** junto a, al lado de
**Neffe** sobrino
**nehmen** tomar
**nennen** nombrar, llamar
**nervös** nervioso
**nett** bonito, lindo; (freundlich) amable
**neu** nuevo; (kürzlich) reciente
**neugierig** curioso
**Neuigkeit** noticia, la novedad
**neulich** hace poco, el otro día
**Nicaraguaner, nicaraguanisch** nicaragüense
**nicht** no
**nicht wahr?** ¿(no es) verdad?
**Nichte** sobrina
**nichts** nada
**nie** nunca
**nieder, niedrig** bajo
**niemand** nadie
**nirgends** en ninguna parte
**noch** todavía, aún
**Norden** el norte
**normal** normal
**Notausgang** salida de emergencia > 30
**Notbremse** freno de alarma > 32
**nötig** necesario
**Notrufsäule** el poste de socorro > 27
**Nummer** número
**nun** (jetzt) ahora; (als Einleitung) bueno, pues
**nur** sólo, solamente

## O

**ob** si
**oben** arriba
**Ober** (Anrede) camarero (Am mozo)
**Obst** fruta > 42, 46, 50 f., 64
**oder** o
**Ofen** estufa

**offen** abierto
**öffentlich** público
**öffnen** abrir
**Öffnungszeiten** horas de apertura
**oft** frecuentemente, a menudo
**ohne** sin
**ohnmächtig** desmayado, sin conocimiento
**Öl** el aceite
**Onkel** tío
**Optiker** óptico > 56, 61
**Organe, innere** los órganos > 93 ff.
**Ort** el lugar
**Osten** el este
**Österreich** Austria
**Österreicher/in** austríaco/austríaca
**Ozean** océano

## P

**Paar, ein ~** un par; (Ehe~) matrimonio, pareja
**Päckchen** paquetito
**packen** (Koffer) hacer
**Paket** el paquete > 103
**Panamaer, panamaisch** panameño
**Panne** avería > 24, 27
**Papiere** documentos > 22, 27
**Paraguayer, paraguayisch** paraguayo
**Park** el parque
**parken** aparcar > 23
**Pass** el pasaporte
**Passagier** pasajero
**passieren** pasar, suceder
**Passkontrolle** el control de pasaportes > 22
**Pension** la pensión > 8 f., 68 ff.
**Person** persona
**Personal** el personal
**Personalausweis** el carnet/documento de identidad (Am cédula personal)
**Personalien** los datos personales
**Peruaner, peruanisch** peruano
**Pfand** prenda
**Pflanze** planta
**Pflicht** la obligación, el deber
**Platz** plaza, sitio; (Sitz~) asiento
**plötzlich** de repente
**plus** más
**Politik** política
**Polizei** policía > 101 f.
**Portier** portero

**Postamt** oficina de correos > 103
**Preis** (Geld) precio; (Sieges~, Gewinn) premio
**Priester** el sacerdote, el cura
**pro** por; ~ **Kopf** por cabeza
**Programm** el programa
**Promille** por mil
**Prozent** por ciento
**Prozentsatz** el porcentaje
**prüfen** examinar, controlar
**Puertoricaner, puertoricanisch** puertorriqueño
**pünktlich** (adj) puntual; (adv) puntualmente
**putzen** limpiar
**Pyrenäen** (los) Pirineos

## Q

**Qualität** la calidad
**Quelle** la fuente
**quittieren** dar recibo

## R

**Rabatt** rebaja, descuento
**Rad fahren** montar (Am andar) en bicicleta > 23 ff., 87
**Radio** la radio
**Rampe** rampa
**Rand** orilla, el borde
**rasch** (adj) rápido, (Am) ligero; (adv) rápidamente, deprisa
**Rasen** el césped, (Arg) pasto
**Raststätte** el albergue de carretera
**raten** aconsejar; (erraten) adivinar
**Rathaus** ayuntamiento > 80
**rauchen** fumar
**Raucher** fumadores
**Raum** sala
**rechnen** calcular
**Rechnung** cuenta, factura > 38, 71
**Rechnungsbetrag** el importe de la factura
**Recht** derecho
**Recht haben** tener razón
**rechts** a la derecha
**rechtzeitig** (adv) a tiempo, oportunamente
**reden** hablar
**regeln** regular, arreglar
**Regierung** gobierno
**regnen** llover
**reich** rico

**Reihe** fila
**reinigen** limpiar
**Reise** el viaje
**Reisebüro** agencia de viajes
**Reiseführer** (Person) el guía (turístico); (Buch) la guía (turística) > 67
**reisen** viajar
**Reisepass** el pasaporte > 22, 102
**Reiseroute** itinerario
**Reisescheck** el cheque de viaje > 97 f.
**reklamieren** reclamar > 38, 70
**Reparatur** arreglo, la reparación > 24
**Reservierung** reserva
**Rest** resto; ~e las sobras, los restos
**Restaurant** el restaurante > 36 ff.
**retten** salvar
**Rettungsboot** el bote salvavidas > 33
**Rezeption** la recepción > 69 f.
**richtig** exacto, preciso; (geeignet) adecuado
**Richtung** la dirección
**riechen** oler
**Risiko** riesgo
**Rollstuhl** silla de ruedas
**rot** rojo
**Route** itinerario
**Rückkehr** vuelta
**rufen** llamar
**Ruhe** descanso; (seelisch) la paz, la tranquilidad; (Stille) silencio, calma
**ruhig** tranquilo
**rund** redondo

## S

**Saal** sala
**Sache** cosa; (Angelegenheit) asunto
**sagen** decir
**Saison** temporada, la estación; (Hoch~) temporada principal
**Salvadorianer, salvadorianisch** salvadoreño
**sammeln** coleccionar; (aufsammeln) recoger
**satt** harto, satisfecho
**Satz** la frase
**sauber** limpio
**schade, es ist ~** es una pena
**schaden** dañar, hacer daño
**Schadenersatz** la indemnización
**schädlich** nocivo, dañino

> www.marcopolo.de/spanisch

**Schalter** (Bank, Post ...) la ventanilla (Am boletería)

**schauen** mirar

**Scheck** el cheque ➤97 f.

**schenken** regalar

**Scherz** broma, el chiste

**schicken** enviar, mandar

**Schiff** barco ➤33

**Schild, das ~** letrero

**schimpfen** regañar, insultar

**Schirm** el paraguas

**schlafen** dormir

**schlank** delgado; esbelto

**schlecht** (adj) malo, mal; (adv) mal

**schließen** cerrar

**Schloss** palacio, castillo ➤81; (Tür) cerradura

**Schlüssel** la llave ➤70, 72, 74

**schmerzen** doler

**Schmuck** las joyas ➤65

**schmuggeln** pasar de contrabando

**Schmutz** la suciedad; (Schlamm) barro

**schmutzig** sucio

**schneiden** cortar

**schneien** nevar

**schnell** (adj) rápido; (adv) rápidamente

**Schnellimbiss** cafetería, el bar; (am Strand) chiringuito

**schon** ya

**schön** hermoso, bello, lindo

**schrecklich** horrible

**schreiben** escribir

**Schreibwaren** los artículos de escritorio ➤67

**schreien** gritar

**Schrift** (Hand~) escritura

**schriftlich** por escrito

**schüchtern** tímido

**Schuh** zapato ➤65 f.

**Schuld** culpa; (Geld) deuda

**schulden** deber

**Schuss** tiro

**Schutz** la protección

**schwach** débil

**Schwager** cuñado

**Schwägerin** cuñada

**schwanger** embarazada

**schwarz** negro

**Schweigen** silencio

**Schweiz** Suiza

**Schweizer/in** suizo/suiza

**schwer** pesado; (Krankheit) grave; (schwierig) difícil

**Schwester** hermana; (Kranken~) enfermera; (Ordens~) monja, hermana

**schwierig** difícil

**Schwimmbad** piscina (Am pileta)

**Schwimmen** la natación ➤84 ff.

**schwindlig** mareado

**schwitzen** sudar

**See** (Meer) el mar; **der ~** lago

**Seeigel** erizo de mar

**sehen** ver

**Sehenswürdigkeiten** los monumentos ➤79 ff.

**sehr** muy; (beim Verb) mucho

**sein** (poss prn m) su

**seit** (Zeitpunkt) desde, a partir de; (Zeitraum) desde hace

**Seite** lado; (Buch) página

**Sekunde** segundo

**Selbstbedienungsladen** autoservicio

**selten** (adj) raro; (adv) rara vez, raramente

**senden** enviar, mandar

**Sendung** (Radio, Fernsehen) la emisión

**servieren** servir

**setzen, s. ~** sentarse

**Sex** sexo

**sicher** adj seguro, cierto; adv ciertamente

**Sicherheit** la seguridad; (Garantie) garantía

**Sicherung** el fusible

**Sicht** vista

**sichtbar** visible

**sie** (sing) ella; (pl) ellos, ellas

**singen** cantar

**sitzen** estar sentado

**Skorpion** el escorpión

**Smalltalk** charla informal ➤14 f.

**so** así

**sofort** inmediatamente

**sogar** hasta

**Sohn** hijo

**sollen** deber

**Sonne** el sol

**Sonnenbrille** las gafas de sol

**sonnig** soleado

**sorgen, ~ für** cuidar de, tener cuidado de; **s. ~ um** preocuparse por

**Sorte** la clase; (Zigaretten) marca

**Souvenirs** recuerdos ➤66

**Spanien** España

**Spanier/in** el español/la española
**spanisch** español
**Spaß** (Scherz) broma, el chiste; (Vergnügen) la diversión
**spät** tarde
**später** adj posterior, ulterior; adv más tarde
**spazieren gehen** pasear
**Speisekarte** el menú ➤ 38, 46 ff.
**spielen** jugar
**Spielzeug** el juguete
**Sport** el deporte ➤ 84 ff.
**Sportplatz** campo de deportes
**Sprache** el idioma, lengua
**sprechen** hablar
**Staat** estado
**Staatsangehörigkeit** la nacionalidad
**Stadt** la ciudad
**Stadtplan** plano de la ciudad ➤ 67, 78
**Stadtrundfahrt** visita de la ciudad, la excursión ➤ 78
**stammen** proceder, venir (de)
**statt** en vez de, en lugar de
**stattfinden** tener lugar
**stechen** pinchar, picar
**stehen** estar, estar de pie
**stehen bleiben** detenerse, pararse
**stehlen** robar
**steigen** subir
**steil** escarpado
**Stein** piedra
**Stelle** (Ort) el lugar; (Arbeit) empleo
**stellen** poner, colocar
**Stellung** la posición; (Anstellung) empleo
**sterben** morir
**Stern** estrella
**Stier** toro
**Stil** estilo
**still** quieto, tranquilo
**Stimme** la voz
**Stockwerk** piso
**Stoff** tela
**stören** molestar, estorbar
**stornieren** anular ➤ 31
**Störung** molestia, estorbo; (Unterbrechung) la interrupción
**stoßen** empujar, dar un golpe a
**Strafe** castigo; (Geld~) multa
**Strand** playa ➤ 84 ff.
**Straße** la calle; (Land~) carretera

**Straßenkarte** el mapa de carreteras ➤ 28
**Strauß** (Blumen~) ramo
**Strecke** trayecto, trecho; (Bahn~) línea
**Strom** (Fluss) río; (elektr. ~) la corriente
**Stück** pieza, trozo
**studieren** estudiar
**Stuhl** silla
**Stunde** hora
**suchen** buscar
**Südamerika** Sudamérica
**Südamerikaner/in** sudamericano/-a
**Süden** el sur
**Summe** suma; el importe
**Supermarkt** supermercado ➤ 56

## T

**Tabak** tabaco
**Tag** el día
**Tankstelle** gasolinera, la estación de servicio ➤ 23, 28
**Tante** tía
**tanzen** bailar ➤ 82
**Tätigkeit** la actividad
**tauschen** cambiar
**täuschen, s. ~** equivocarse
**Taxi** el taxi
**Teil** la parte
**teilnehmen (an)** tomar parte en
**Telefon** teléfono ➤ 104 f.
**telefonieren** telefonear ➤ 104 f.
**Temperatur** temperatura ➤ 19
**Termin** fecha; (Frist) plazo
**teuer** caro
**Theater** teatro ➤ 82 f.
**tief** profundo, hondo; (niedrig) bajo
**Tier** el animal
**Tisch** mesa
**Tochter** hija
**Tod** la muerte
**Toilette** el baño, el servicio ➤ 37, 70, 72, 105
**Ton** sonido, tono; (Betonung) acento; (Farbe) tono
**Topf** (Koch~) olla, cazuela, puchero
**Töpferei** alfarería
**tot** muerto
**tragen** llevar; (Kleidung) llevar (puesto); (ertragen) soportar
**träumen** soñar

# WÖRTERBUCH

**traurig** triste
**treffen** encontrar
**Treppe** escalera
**treu** fiel
**trinken** beber, tomar
**Trinkgeld** propina ➤ 38, 40
**Trinkwasser** (el) agua potable
**trotzdem** sin embargo, a pesar de eso
**tschüss** adiós, hasta luego
**tun** hacer
**Tunnel** el túnel
**Tür** puerta
**typisch** típico

## ▆▆ U ▆▆▆▆▆▆▆▆▆▆▆

**U-Bahn** metro (Am subterráneo) ➤ 34
**Übelkeit** (las) náuseas ➤ 92, 97
**über** sobre
**überall** por/en todas partes
**überfallen** asaltar, atracar
**überholen** adelantar, pasar
**übernachten** pernoctar ➤ 6 ff., 68 ff.
**überqueren** atravesar
**überrascht** sorprendido
**Übersee** (el) ultramar
**übersetzen** traducir
**überweisen** transferir
**Ufer** orilla
**Uhr** (Armband~) el reloj de pulsera; (Wand~) el reloj de pared
**Uhrzeit** hora ➤ 16.
**um** (herum) alrededor de, en torno a; (gegen) hacia; (Zeitangabe) a
**umarmen** abrazar
**umbuchen** cambiar el vuelo ➤ 29, 31
**Umleitung** la desviación
**umsonst** (gratis) gratis, gratuito; (vergeblich) en balde
**umsteigen** cambiar de
**umtauschen** cambiar ➤ 97 f.
**Umwelt** el (medio) ambiente
**umziehen** mudarse de casa; **s. ~** mudarse de ropa, cambiarse de ropa
**unbedingt** (adv) sin falta, absolutamente
**unbekannt** desconocido
**und** y
**und so weiter** etcétera
**Unfall** el accidente ➤ 24 f.

**unfreundlich** antipático
**ungefähr** aproximado
**ungern** de mala gana
**ungesund** malsano
**ungewiss** incierto
**Unglück** desgracia, el accidente
**unglücklich** desgraciado
**ungültig** inválido
**unhöflich** descortés, mal educado
**Unkosten** los gastos
**unmöglich** imposible
**unruhig** intranquilo, inquieto
**uns** nos, a nosotros
**unschuldig** inocente
**unser, e** nuestro, nuestra
**unter** bajo, debajo de; (zwischen) entre
**unterbrechen** interrumpir
**Unterführung** paso subterráneo
**Unterhaltung** (Vergnügen) divertimiento, la diversión ➤ 82 ff.
**Unterkunft** alojamiento
**Unterschied** diferencia
**Unterschrift** firma ➤ 98
**Untersuchung** el examen
**unterwegs** en (el) camino, en el viaje, de viaje ➤ 20 ff.
**unverschämt** sinvergüenza, descarado
**unwohl** indispuesto
**Urlaub** las vacaciones, permiso
**Ursache** causa
**urteilen** juzgar
**Uruguayer, uruguayisch** uruguayo
**Urwald** selva virgen

## ▆▆ V ▆▆▆▆▆▆▆▆▆▆▆

**Vater** el padre
**Venezolaner, venezolanisch** venezolano
**Verabredung** cita ➤ 15 f.
**verabschieden, s. ~** despedirse
**verändern** cambiar
**Veranstaltung** la manifestación; (Aufführung) espectáculo ➤ 82 ff.
**Veranstaltungskalender** calendario de actos ➤ 82
**verbieten** prohibir
**verbinden** unir; (tele) poner en comunicación; (med) vendar
**Verbindung** la relación, contacto; (tele)

la comunicación

**verboten!** ¡prohibido!

**verdienen** ganar; (wert sein) merecer

**verdorben** estropeado; (faul) podrido; (sittlich) corrompido

**vereinbaren** convenir, acordar

**Verfassung** la constitución; (Zustand) estado

**Vergangenheit** pasado

**vergessen** olvidar

**Vergewaltigung** la violación >102

**Vergiftung** el envenenamiento, la intoxicación >97

**Vergnügen** el placer, la diversión

**verheiratet (mit)** casado (con)

**Verhütungsmittel** anticonceptivo

**verirren, s. ~** extraviarse

**Verkauf** venta

**Verkehr** tráfico

**Verkehrsbüro** oficina de turismo

**verlängern** alargar; (zeitlich) prolongar

**verlieren** perder >102

**verloben, s. ~ mit** prometerse con

**Verlobte, der/die** el prometido/la prometida

**Verlust** pérdida

**vermieten** alquilar >29, 74

**versäumen (verpassen)** perder

**verschieben (zeitlich)** retardar

**verschieden** diferente, distinto

**verschreiben** recetar, prescribir >92

**Versehen, aus ~** por equivocación

**Versicherung** seguro

**verspäten, s. ~** retrasarse, llegar tarde

**Versprechen** promesa

**verständigen, jdn ~** informar a alg

**Verständigungsschwierigkeiten** las dificultades de comprensión

**verstehen** entender

**versuchen** intentar, probar; (Speisen) probar

**Vertrag** contrato

**verunglücken** sufrir un accidente

**verwandt** pariente, emparentado

**verwechseln** confundir

**Verzeichnis** lista, catálogo

**verzeihen** perdonar, excusar

**verzollen** declarar

**viel** mucho

**vielleicht** quizá(s), tal vez

**Visum** visado (Am visa) >22

**Volk** pueblo

**voll** lleno; (ganz) completo, total; (voll besetzt) completo

**Vollpension** la pensión completa >70, 72

**von** de; (Passiv) por

**vor** (räumlich) delante de; (zeitlich) antes de

**vor allem** sobre todo

**voraus, im ~** de antemano

**vorbei** (por) delante de

**vorher** antes

**vormittags** por la mañana

**Vorname** el nombre (de pila) >22

**Vorort, Vorstadt** las afueras

**Vorsaison** temporada baja >72

**Vorschrift** la prescripción

**Vorsicht** la precaución; ~! ¡cuidado!, ¡atención!

**Vorstellung** la presentación; (Theater) la función, la representación >80; (Begriff) idea

**Vorverkauf** venta anticipada >83

**Vorwahlnummer** prefijo >104

**vorziehen** preferir

## W

**wach** despierto

**wählen** escoger, elegir; (tele) marcar >105; (Politik) elegir

**wahr** verdadero

**während** (prp) durante; (conj) mientras (que)

**wahrscheinlich** (adj) probable; (adv) probablemente

**Währung** moneda >98

**Wald** el bosque >81

**Wanderkarte** el mapa de excursiones >67

**wandern** hacer excursiones a pie >88

**warm** caliente

**warnen (vor)** prevenir (contra)

**warten** esperar

**Wartesaal, Wartezimmer** sala de espera >97

**was** qué

**waschen** lavar

**Wasser** (el) agua

**wechseln** (Geld) cambiar

**wecken** despertar

**Weg** camino; (Pfad) sendero, senda; (Straße) carretera, la calle

**weg** fuera, ausente

**wegen** por, a causa de

**weggehen** irse, marcharse

# WÖRTERBUCH

**Wegweiser** el indicador de camino
**weh tun** doler
**weiblich** femenino
**weich** blando; (Ton, Farbe) suave
**weigern, s. ~** negarse
**weil** porque
**weinen** llorar
**weiß** blanco
**weit** (Gegenteil von eng) ancho; (Weg) largo;
  (entfernt) lejano
**Welt** mundo
**wenig** poco; **ein ~ von ...** un poco de ...
**weniger** menos
**wenigstens** por lo menos
**wenn** (Bedingung) si; (zeitlich) cuando
**werden** (Passiv) ser; (plötzlich ~) ponerse; (etwas ~) hacerse, llegar a ser
**Werkstatt** el taller ➤ 24, 28
**werktags** los días laborables
**Wert** el valor
**Westen** el oeste
**Wetter** tiempo ➤ 19
**wichtig** importante
**wie** (Frage) cómo; (Vergleich) como, igual que
**wieder** otra vez, de nuevo
**wiederholen** repetir
**wiederkommen** volver
**wiedersehen** volver a ver
**wiegen** pesar
**willkommen** bienvenido
**wir** nosotros
**Wirt** dueño, el patrón
**Woche** semana ➤ 17
**wohnen** vivir, habitar
**Wohnort, Wohnsitz** domicilio, residencia ➤ 22
**Wohnung** vivienda, piso, (Am) departamento
**wollen** (wünschen) desear, querer
**Wort** palabra
**wünschen** desear
**Wurst** embutido ➤ 44, 46
**wütend** rabioso, furioso

## Z

**Zahl** número
**zahlen** pagar
**Zahlung** pago
**Zahnarzt** el dentista ➤ 92
**zeigen** enseñar, mostrar; (hinweisen) indicar, señalar
**Zeit** tiempo ➤ 16 f.
**Zeitangaben** indicaciones de tiempo ➤ 16 f.
**Zeitschrift** revista ➤ 67
**Zeitung** periódico ➤ 67
**Zentrum** centro
**zerbrechlich** frágil
**zerstören** destruir
**Zeuge** testigo
**ziehen** tirar
**Ziel** meta; (Reise~) meta de(l) viaje
**Zigarette** cigarrillo
**Zimmer** la habitación (Am pieza) ➤ 6 ff., 68 ff.
**Zoll** aduana ➤ 22
**zornig** furioso, rabioso
**zu** (Richtung) a; (geschlossen) cerrado; (mit adj) demasiado
**zufrieden** satisfecho, contento
**Zug** el tren ➤ 31 f.
**zumachen** cerrar
**zurück** (hacia) atrás
**zusammen** junto(s), junta(s)
**zusätzlich** suplementario, adicional
**zuschauen** estar mirando
**Zuschlag** suplemento ➤ 32
**zuschließen** cerrar con llave
**zuständig** responsable, competente
**zu viel** demasiado
**zweifeln an etw** dudar de algo
**zwischen** entre

# > BLOSS NICHT!

## So vermeiden Sie Fettnäpfe

### Dumme Pute

Bei der Hitze ist ein leichtes Putensandwich doch genau das Richtige. Also her mit der *puta*. Sie wundern sich über das amüsierte Grinsen des Verkäufers? Tja, Sie haben soeben nach einer Prostituierten verlangt. Mit *bocadillo de pavo* klappt's dann beim nächsten Versuch!

### Mantel oder Decke?

Das Abendessen ist vorbei, Sie möchten gehen und bitten den Kellner um *el mantel*. Der Mann vom Service wird Sie freundlich anlächeln und Ihnen (trotzdem) Ihren Mantel reichen ... Er weiß eben, was Touristen wünschen, wenn sie ihn um die „Tischdecke" bitten.

### Einer für alle

Getrennte Rechnungen? Die gibt's in spanischen Restaurants nicht. Deshalb tun Sie's einfach, zahlen Sie die komplette Zeche. Wer nun welche Vorspeise hatte und wer noch beim Nachtisch zugeschlagen hat, können Sie auf der Strandliege immer noch ausbaldowern. Oder wählen Sie die lässigste Variante – und lassen Sie sich einfach das nächste Mal einladen.

### Mehr als nur Cola

Wer *una coca cola* bestellt, der weiß, was er kriegt: einen coolen Zuckerschock. Ganz anders, wer die verkürzte Version wählt. Die ist nämlich absolut uncool, und peinliche Blicke gibt's gratis

dazu: *cola* heißt in Spanien „Schwanz" – in all seiner vulgären Bedeutung.

### Eindeutig zweideutig

Natürlich können Sie dem Kellner per Handzeichen über's rappelvolle Café hinweg klar machen, dass Sie noch einen Kaffee möchten. Aber bitte nicht sich mit dem Zeigefinger melden, die Faust ballen und dabei dem Mann vom Service den Handrücken entgegen strecken – böses Foul! Das wäre nämlich, als würden Sie zu Hause mit gestrecktem Mittelfinger bestellen.

### Kartenspiele

Warum zuckt der Mann am Kiosk mit den Schultern, als Sie eine *carta* kaufen wollen? Tja, weil er nun mal keine Speisekarten auf Lager hat. Eine Postkarte heißt stattdessen *postal*. Und weil wir gerade dabei sind: Die Visitenkarte heißt *tarjeta*, eine Landkarte *mapa*.

> S. 130

# ACHTUNG: SLANG!

## MEHR ALS NUR SPRACHE

**Insider Tipps**

Wenn das Wörterbuch schlapp macht und Sie nur noch Bahnhof verstehen, dann handelt es sich um einen klaren Fall von: Achtung Slang! Aber keine Panik, auf den nächsten Seiten sind Sie mittendrin in der Sprache der Insider, die auf den Straßen, in den Clubs und Bars, Shops und Lounges gesprochen wird. Wir haben sie für Sie aufgespürt: die authentischen, die wichtigsten und witzigsten Slangausdrücke. Dabei gibt es jedoch auch Formulierungen, die Sie besser meiden sollten, denn manchmal ist Schweigen wirklich Gold. Ansonsten viel Spaß beim Erweitern Ihres Wortschatzes!

# ALLTAG

## ■ BEGRÜSSUNG UND CO ■

| | |
|---|---|
| ¡Buenas! | n'Abend |
| ¡Hola macho! | Hi Alter. |
| ¿Que tal? | Wie geht's? |
| ¿Que pasa?/¿Que va?/¿Que hay? | Was geht/Was läuft? |
| ¡Chao! | Tschüß! |
| ¡'ta logo! | Bis später! |
| ¡Venga! | Wir sehen uns! |

## ■ ANTWORTEN ■

| | |
|---|---|
| ¡Vale! | OK. |
| ¡Legal! | Stimmt. |
| ¡Ajá!/¡Ah! | Verstehe. |
| ¡Guau! | Wow! |
| ¡Caray!/¡Caramba! | Donnerwetter! |
| Ni (puta) idea. | Weiß nicht./Keine Ahnung. |
| Me importa un comino/rábano/ pimiento/pepino. | Das ist mir total schnuppe. (wörtl. Das interessiert mich eine(n) Kümmel/Rettich/ Paprika/Gurke) |
| Me la trae floja./Me la suda./Me la pela. | Das ist mir egal/scheißegal. |
| Paso. | Ich hab keine Lust/keinen Bock. |
| ¡Ni hablar (del peluquín)! | Auf keinen Fall! |

## ■ ..UND AUFFORDERUNGEN ■

| | |
|---|---|
| ¡Marchando!/¡Vamos tirando! | Los gehts! |
| ¡Mueve el culo! | Beweg deinen Hintern! |
| ¡Ojo! | Vorsicht! |

> *www.marcopolo.de/spanisch*

# ACHTUNG: ¡SLANG!

| | |
|---|---|
| ¡Quieto parao! | Warte mal! |
| ¡Tranqui! | Ruhig Blut! |
| ¡No te comas el tarro/coco! | Mach Dir kein Kopf! |
| ¡Ni borracho(a)!/¡Ni loco(a)! | Vergiss es! |

## ■ UNTER FREUNDEN... ■

| | |
|---|---|
| pasarse por... | vorbeischauen |
| dar un toque (a alguien) | bei jdm durchklingeln |
| charlar/estar de palique | quatschen |
| cotillear | tratschen |
| estar de coña | herumblödeln |
| decir chorradas | Quatsch reden |
| fardar | angeben |
| un cuento chino | Lügenmärchen (wörtl. chinesisches Märchen) |
| meter la pata/la gamba | ins Fettnäpfchen treten |
| tocar los cojones/huevos/las pelotas (a alguien) | jdm auf den Senkel/Sack gehen (wörtl. jdm an die Eier fassen) |
| cabrear (a alguien) | jdn verärgern/wütend machen |
| cabrearse con (alguien) | sich mit jdm verkrachen |
| aguafiestas | Spielverderber |

## ■ DAS GEFÄLLT... ■

| | |
|---|---|
| ¡(Qué) guay!/¡Qué chulo! | Klasse! |
| ¡Mola! | Das ist aber cool! |
| ¡Esto chuta! | Das geht ab!/Das rockt! |
| cojonudo/la hostia/la leche | großartig/fantastisch (leche wörtl. Milch) |
| ¡Es la leche/monda! | Das ist der Hammer! |
| Es lo más. | Das ist die Krönung/die Crème. |
| pasarlo pipa/bomba/cañón | Spaß haben |
| alucinar/flipar | ausflippen |

## ■ ..DAS LANGWEILT... ■

| | |
|---|---|
| nada del otro jueves | nichts Besonderes (wörtl. nichts vom vorigen Donnerstag) |
| soso | langweilig |
| ser un rollo/un muermo/un coñazo | totlangweilig sein |

## ■ ...UND DAS NERVT ■

| | |
|---|---|
| ¡Qué chorrada! | Was für ein Quatsch! |
| ¡Qué rollo! | Was für ein Mist! |
| ¡Qué carajada! | Das ist ja des Letzte! |
| ¡No seas plasta/"pesao" (pesada)! | Nerv nicht! (plasta wörtl. Sei keine Knete!) |
| una patada en los cojones/huevos | ein herber Rückschlag (wörtl. ein Tritt in die Eier) |
| una puñetera | beschissene Situation |

## ■ SCHLECHT DRAUF? ■

| | |
|---|---|
| estar pachucho(a) | schlapp sein |
| estar hecho(a) polvo | fix und fertig/alle sein (wörtl. pulverisiert sein) |
| hacer/echar una cabezadita | ein Nickerchen machen |
| meterse en el sobre | ins Bett gehen (wörtl. sich in den Umschlag stecken) |
| quedarse frito(a) | einschlafen |
| sobar | schlafen |
| no estar católico(a) | nicht gesund (wörtl. katholisch) sein |
| estar chungo(a) | krank sein |
| estar jodido(a) | sehr krank sein |
| estar „depre" | deprimiert sein |
| estar de morros | schmollen |
| estar „cagao" | Bammel haben |
| cagarse de miedo | sich vor Angst in die Hosen machen |
| estar de mala leche/uva | schlechte Laune haben (wörtl. von schlechter Milch/Traube sein) |
| estar de un humor de perros | eine Stinklaune haben (wörtl. Hundelaune) |
| cabrearse | einen Wutanfall haben |

# ACHTUNG: ¡SLANG!

## ESSEN

| | |
|---|---|
| papear | essen |
| tapear | Tapas essen gehen |
| bocata | belegtes Brötchen |
| flauta | extrem langes belegtes Brötchen |
| pincho (de tortilla) | (Tortilla-)Snack |
| pincho moruno | Fleischspieß |
| chiringuito | Imbiss(stand) |
| panchitos | salzige Erdnüsse |
| champis | Champignons |
| el bikini | Sandwich mit Käse und Koch-schinken (warm) (wörtl. Bikini) |
| el pepito | Sandwich mit Fleisch |
| un montadito/un montao | Sandwich mit Schinken oder Lendenstück vom Rind oder Schwein |
| comida rápida/comida basura | Fast Food |
| la gusa | Kohldampf |
| Tengo un hambre de mil demonios. | Ich hab einen Bärenhunger (wörtl. den Hunger von tausend Dämonen). |
| Me muero de hambre. | Ich sterbe vor Hunger. |
| zampar/devorar | schlingen/fressen |
| ponerse las botas/ponerse morado | sich mit etwas vollstopfen (ponerse las botas wörtl. sich die Stiefel anziehen) |
| el/la de la vergüenza | Anstandshappen |
| la dolorosa | die Rechnung (wörtl: die Schmerzhafte) |

## AUSGEHEN

### ■ DRINKS ■

| | |
|---|---|
| una copa | alkoholisches Getränk (wörtl. ein Glas) |
| una birra | ein Bier |
| una caña | ein Glas Bier (wörtl. Halm) |
| una jarra | ein Krug Bier |
| un quinto | kleine Flasche Bier (20 cl) |
| una mediana | mittlere Flasche Bier (33 cl) |
| la litrona | große Flasche Bier (1 Liter) |
| el botellón | Litrona (s.o.), die auf die Straße getrunken wird |

| una clara | Alster/Radler |
| el cubata | Long Drink |
| el chato | ein Gläschen Wein |
| mollate | Rotwein |
| tinto de verano | Rotweinschorle mit Zitronensprudel |
| un vino peleón | Fusel |
| un sol y sombra | Mischung aus Anis und Cognac |
| un carajillo | Espresso mit Brandy |

## ■ IN DER BAR/KNEIPE ■

| garito/bareto | Kneipe |
| antro/cuchitril | Spelunke |
| ir de copas | Kneipentour |
| Me muero de sed. | Ich sterbe vor Durst. |
| ¡Marchando! | Kommt gleich! |
| Me toca (a mí). | Das ist meine Runde. |
| ¡Pa' dentro! | Runter damit! |
| privar/mamar | Alkohol trinken |
| empinar el codo | regelmäßig Alkohol trinken (wörtl. den Ellenbogen heben) |
| melopea | Besäufnis |
| echar una cana al aire | einen drauf machen (wörtl. ein graues Haar in die Luft werfen) |
| pasar la noche en blanco | die Nacht durchmachen (wörtl. die Nacht in weiß verbringen) |
| el gorila | Türsteher (wörtl. Gorilla) |
| Aquí hay cuatro gatos. | Hier ist ja fast niemand. (wörtl. Hier gibt es vier Katzen.) |
| Esto está muerto. | Hier ist nichts los. |
| estar a tope/de bote en bote | brechend/gerammelt voll |
| menear/mover el esqueleto | tanzen (wörtl. das Gerippe bewegen) |

## ■ SPÄTER... ■

| estar achispado | einen Kleinen sitzen haben |
| estar pedo/llevar un pedo | sturzbetrunken sein |
| estar ciego(a) | stockbesoffen sein (wörtl. blind sein) |
| cogorza/pedo/trompa | Rausch |
| una resaca | Kater |
| echar la pota/la papilla | sich übergeben |
| estar de bajón | down sein |

> *www.marcopolo.de/spanisch*

## ■ RAUCHEN ■

| | |
|---|---|
| pito/pitillo | Kippe/Fluppe |
| fumar como un carretero | qualmen wie ein Schlot (wörtl. wie ein Fuhrmann) |

# MANN UND FRAU

## ■ LEUTE ■

| | |
|---|---|
| tipo/tío | Typ (neutral) (tío wörtl. Onkel) |
| fulano | Kerl (etwas abwertend) |
| tía | Tussi/Mädel (tía wörtl. Tante) |
| pava | Tussi/Zicke |
| estar bueno(a) | gut aussehend sein |
| tío bueno/tía buena | knackiger Typ/knackige Frau |
| maruja | Klatschtante/biedere Hausfrau |
| parienta | Ehefrau |
| los viejos | die Alten (Eltern) |
| colega/tronco(a) | Kumpel |
| basca/peña | Clique |

## ■ FLIRTEN UND MEHR ■

| | |
|---|---|
| Me hace tilín. | Ich mag sie/ihn. (tilín wörtl. klingeling) |
| entrarle (a alguien) | jdn anquatschen/jdn anmachen |
| ligar con... | mit jdm anbändeln/mit jdm flirten |
| sobarse | knutschen |
| morreo | Zungenkuss |
| estar liado(a) (con alguien)/ tener un rollo (con alguien) | mit jemanden zusammen sein |

| | |
|---|---|
| llevarse al huerto (a alguien) | jdn abschleppen |
| tenerla tiesa/dura | eine Latte haben |
| goma/funda/globo | Gummi/Präser |
| follar/echar un polvo/joder | vögeln |
| dar plantón | jdn versetzen (wörtl. einen Setzling geben) |
| poner los cuernos | jdn betrügen (wörtl. Hörner aufsetzen) |
| cortar con (alguien) | mit jdm Schluss machen |
| Ojos que no ven, corazón que no siente. | Aus den Augen, aus dem Sinn. |
| ser un calzonazos | ein Pantoffelheld sein/ unterm Pantoffel stehen |

# SCHIMPFEN, LÄSTERN, FLUCHEN

## ■ STANDARDS ■

| | |
|---|---|
| ¡Jolín!/¡Jolines!/¡Jope!/¡Jo! | Mensch/Mann |
| ¡Joder! | Verdammt (nochmal)! (wörtl. ficken) |
| ¡Mierda! | Mist!/Scheiße! |
| ¡Cojones! | Verdammte Scheiße! (wörtl. Eier) |
| ¡Cierra el pico! | Halts Maul! |
| ¡Que te den (morcillas)!/¡Que te zurzan! | Du kannst mich mal! |
| ¡Métetelo donde te quepa! | Das kannst du dir sonst wo hinschieben. |
| ¡Lárgate!/¡Pírate! | Hau ab! |
| ¡Vete a freír espárragos/monas! | Geh zum Teufel! (espárragos wörtl. Geh Spargel braten!) |
| ¡Vete a tomar por culo! | Verzieh dich! |
| ¡Vete a la mierda/al carajo! | Verpiss dich! (carajo wörtl. Schwanz) |
| tomar el pelo (a alguien) | jdn veräppeln/jdn verarschen |
| poner verde/a parir (a alguien) | über jdn lästern |

## ■ SPINNER UND TROTTEL ■

| | |
|---|---|
| „pirao" (pirada) | Spinner |
| Es un besugo/un papanatas. | Er ist ein Trottel/eine Pappnase. |
| no tener ni (puta) idea de algo | (absolut (puta wörtl. Hure)) keine Ahnung von etwas haben |

# ACHTUNG: ¡SLANG!

| | |
|---|---|
| **No entiende ni jota.** | Er hat keinen blassen Schimmer. |
| **tonto'l culo** | strohdoof (wörtl. doof bis zum Hintern) |
| **Le falta un tornillo.** | Er hat eine Schraube locker. |
| **cruzarse los cables (a alguien)** | durchdrehen |
| **„chalao"(a)/chiflado(a)** | Verrückter |
| **estar como una cabra** | total verrückt sein/spinnen (wörtl. wie eine Ziege sein) |
| | |
| **Está mal de la azotea.** | Er hat einen totalen Dachschaden. |
| **gilipollas** | Vollidiot |

## ■ MEHR BELEIDIGUNGEN ■■■■■■■■■■■■■■

| | |
|---|---|
| **un golfo** | Schlitzohr |
| **guiri** | Touri |
| **ser hortera** | geschmacklos sein |
| **pijo(a)** | schickimicki |
| **ser un bocazas** | eine große Klappe haben |
| **petardo(a)** | große Klappe und nix dahinter |
| **sabelotodo** | Klugscheißer (wörtl. Weiß-Alles) |
| **chulo(a)/chuleta** | eingebildet/Angeber/in |
| **ser un fantasma** | ein Angeber sein |
| **empollón (empollona)** | Streber |
| **hijo de papá** | Muttersöhnchen |
| **calzonazos** | Weichei/Warmduscher |
| **no tener huevos** | feige sein (wörtl. keine Eier haben) |
| **lamerle el culo (a alguien)** | schleimen |
| **un lameculos** | Arschkriecher |
| **ser un jeta/tener morro** | frech/unverschämt sein |
| **ser un pelma/un pelmazo/un „pesao"** | eine Nervensäge sein |
| **sacar de quicio** | jdm auf den Geist gehen/total nerven |
| **tener mala leche/uva/sangre** | böswillig sein (wörtl. schlechte(s) Milch/Traube/Blut haben) |

| | |
|---|---|
| un borde | Miststück |
| ¡Cabrón! | Arschloch! (wörtl. Ziegenbock) |
| hijo de puta/"joputa" | Drecksau! (wörtl. Hurensohn) |
| un garrulo | Proll |

# UNAPPETITLICHES

| | |
|---|---|
| mugre | Dreck |
| el tigre | Klo (wörtl. Tiger) |
| hacer pipí | pinkeln |
| cambiarle el agua al canario/ a las olivas/a las aceitunas | eine Stange Wasser in die Ecke stellen (wörtl. das Kanarienvogel-/ Olivenwasser wechseln) |
| mear | pissen |
| tirarse un "peo" | einen fahren lassen |
| cagar/jiñar | kacken |
| echar la pota | sich übergeben |

# GELD

## ■ KOHLE...

| | |
|---|---|
| pelas/pasta/guita/parné | Kohle/Knete/Kies/Moos |
| pavos/eurillos/euritos | Euros (pavo wörtl. Truthahn, urspr. Dollar) |
| calderilla | Kleingeld |

## ■ HABEN ODER NICHT

| | |
|---|---|
| un mogollón de pasta | ein Haufen Geld |
| estar forrado(a) | stinkreich sein |

| | |
|---|---|
| ser pan comido/ser coser y cantar | ein Kinderspiel sein (wörtl. gekochtes Brot/Nähen und Singen sein) |
| estar „chupao" | pillepalle sein |
| morirse de asco | sich zu Tode langweilen |
| chapuza | Pfusch |
| manazas | jd mit zwei linken Händen |
| cagarla | etwas vermasseln |
| echarle el sermón (a alguien) | jdm eine Standpauke halten |
| tener enchufe | Beziehungen haben (wörtl. eine Steckdose haben) |
| ser un pez gordo | ein großer Fisch sein |

# WETTER UND STRAND

| | |
|---|---|
| ¡Menuda rasca! | Es ist sehr kalt. |
| ¡Hace un frío que pela! | Es ist saukalt! |
| ¡Hace un frío del carajo! | Es ist arschkalt! (wörtl. Schwanzkälte) |
| quedarse como un témpano | starr vor Kälte (wörtl. wie eine Eisscholle) sein |
| Está lloviendo a cántaros. | Es schüttet wie aus Eimern (wörtl. Tonkrüge) |
| estar empapado(a)/ | klatschnass/bis auf die Knochen |
| estar calado(a) hasta los huesos | durchnässt sein |
| el lorenzo | Sonne |
| un calor infernal/calor sofocante | eine Bullenhitze |
| el bochorno | schwüles Wetter |
| estar (rojo(a)) como una gamba | krebsrot sein (wörtl. rot wie eine Garnele) |
| darse un remojón | ins Wasser gehen |
| El agua está buena. | Das Wasser ist angenehm. |

| | |
|---|---|
| nadar en dinero | in Geld schwimmen |
| ganar una pasta gansa | ein Schweinegeld verdienen |
| un rata/un „agarrao" (agarrada) | Geizhals/Geizkragen |
| estar sin blanca/sin un duro/seco(a) | knapp bei Kasse sein/pleite sein |
| apretarse el cinturón | den Gürtel enger schnallen |

## KOSTEN ODER NICHT

| | |
|---|---|
| ¿Cuánto es la broma? | Was kostet der Spaß? |
| costar un riñón/un ojo de la cara | ein Vermögen kosten (wörtl. eine Niere/ein Auge des Gesichts kosten) |
| carero(a) | Halsabschneider |
| clavar | zu viel Geld für etwas verlangen |
| ¡Es una clavada! | Das ist aber happig! |
| un robo/una estafa | Abzocke |
| un chollo/una ganga | ein Schnäppchen |
| estar „tirao" | spottbillig sein |

## AUSGEBEN UND EINNEHMEN

| | |
|---|---|
| regatear | feilschen |
| trapicheo | Schacher |
| timar | jdn abzocken |
| chorizar/mangar | abstauben |
| gorrear | schnorren |
| un gorrón/una gorrona/gorrero/a | Schmarotzer |
| tirar el dinero por la ventana | Geld zum Fenster rauswerfen |
| pulirse el dinero | sein Geld versaufen |

# ARBEIT

| | |
|---|---|
| ponerse las pilas | sich aufraffen |
| estar al loro | kapieren/bei der Sache sein (wörtl. beim Papagei sein) |
| mileurista | Großverdiener (ab 1000 €Monat) |
| currante | Arbeiter |
| currar | ackern/schuften |
| dar el callo/ | hart arbeiten (wörtl. die Schwielen geben) |
| trabajar como un negro/burro | |
| matarse a trabajar | sich totarbeiten |